職員室のモノ、1t捨てたら残業へりました！

丸山 瞬

学陽書房

はじめに

「丸山先生って家も綺麗なんでしょ？」

よく同僚の先生から言われます。学校でコソコソ片づけをしているので周りからは几帳面で潔癖症で綺麗好きと思われているらしいのです。

実際の僕はというとズボラです。行方不明の靴下がベッドの下から変わり果てた姿で見つかったり、３日前に使ったマグカップがめんどくさくてどうしても洗えず、その視線を振り切って喫茶店に逃げ込んだりしてしまいます。あと、ドジです。

旅行をしてもドジが炸裂します。夏にまとまった休みが取れたのでNYに旅行に行ったのですが、帰りの空港でスノードームを見ている間に飛行機に乗り遅れました。出発時刻をゲートに集合する時刻だと勘違いしていたんですね。絶望的な思いで急いで走っていくと、同じく乗り遅れたであろうパンダのパーカーを着たケニア人女性がゲートの扉をドンドン叩いていました。そして女性が振り返り、"Lost？"と言うと僕はなぜか最高の笑顔で"Me too."と言ったのでした。

とにかく、僕はその辺にいるちょっとドジな普通の先生です。

ただ、教師の仕事の範囲内で行う片づけや環境改善は大好きで、これまでいろんな学校で断捨離をしてきました。**捨てたり整えたりすればするほど働きやすくなるという当たり前の事実に完璧にハマってしまったのです。**

ほら、よくテスト前に自分の部屋にいると勉強しなきゃいけないのに突然部屋の模様替えを始めたりしたくなる現象あるじゃないですか。あれをこじらせた状態が、たまたま５年くらい続いてる感じです。

ちなみに先生としての仕事もちゃんとやってます。

ところで、どうして学校って減らすのが苦手なんだと思います？

職員室ではいつまでも昭和のモノを使いまわしているし、変な校則もそのまま残っている。業務量が多い多いと言いつつもなかなか減らそうとしない。なんか変ですよね。この問題についてずーっと考えていたんですけど、この前わかったんです。

「減らしたことがないから」

　これだけです。だって考えてもみてください。戦後の焼け野っ原から頑張って復興して、よりよい社会のために教育を充実させてここまでやってきたんですよ。いろんなものが新しく作られることで、どんどんイノベーションしていった。その間に「捨てる」とか「減らす」とかそういう発想は生まれにくいですよね。

　つまり今の学校って減らせない体質だと思うんです。そんな学校に突然「減らしなさい！」とか「なくしなさい！」とか言ってもすぐには難しいですよね。だから無理せず、まずは目の前のモノを少しずつ減らして環境整備から始めるべきだと思うんです。モノを捨てて整頓をして、「減らすことで得られるメリット」を感じれば感じるほど学校は減らせる体質に変わっていくんじゃないでしょうか。

　削減が奨励される職場になった後のことを想像してみてください。**今、無理がある制度の見直しが進み学校環境が改善されて、もしかしたら長時間労働の問題も解決するかもしれません。**そして、それは実際に僕の学校で起こったことなのです。

　これからみなさんに、そんな「**学校の環境整備の方法**」「**みんなで業務を削減する方法**」について具体的にお伝えするつもりです。さあ、始めますよ〜。

2020年1月

丸山　瞬

はじめに ……………………………………………………………… 2

第1章
職員室のモノ、1t捨てます！

ベルを片づけたかった ……………………………………… 10

理想の生活に届かない日々 ………………………………… 12

職員室の空気と向き合うことにした ……………………… 14

断捨離で見えた学校の課題 ………………………………… 16

まさゆめチャレンジでよりよい職場づくり ……………… 18

断捨離で小学校部活動が変わった ………………………… 20

職員室のリデザイン①マネジメント編 …………………… 22

職員室のリデザイン②レイアウト編 ……………………… 24

KPTボードで50の業務改善！ ……………………………… 30

時間外勤務が30％減る職場へ …………………………… 32

コラム 短期プロジェクトという近道 ………………… 34

第 2 章
5Sで変わるあなたの働き方！

世界的に有名な5Sで片づけ上手になろう ································ 36

モノの性質を知ってモノと仲よくなろう ································ 38

お金を数えてかんたん整理整頓 ·· 40

「溜めない」仕事机をつくってみよう ··································· 42

捨てていいモノ ダメなモノ ·· 44

学校のモノの捨て方・動かし方 ··· 46

グルーピングとラベリングが基本 ······································· 48

ゾーニングと作業動線で動きやすく ····································· 50

先生の健康を守る学校の5S ·· 52

衛生推進者になって快適な職場をつくる ································· 54

コラム 　学校にローアンの風を ····································· 56

第3章
学校のいろんな場所を片づけよう！

散らかりにくい学校準備室 …………………………………… 58

スムーズに活動に移れる音楽室 ……………………………… 60

欲しいモノがすぐに見つかる理科室 ………………………… 62

工具が扱いやすい図工準備室 ………………………………… 64

使いやすく戻しやすい運動場倉庫 …………………………… 66

整頓しやすい体育館倉庫 ……………………………………… 68

使う人に配慮した石灰庫 ……………………………………… 70

清潔で整った放送室 …………………………………………… 72

いつでも休める更衣室 ………………………………………… 74

災害時に確実に機能する防災倉庫 …………………………… 76

コラム 環境整備にオススメのグッズ …………………… 78

第4章
職員室を片づけると行動が変わる！

モノを減らしてスッキリ働こう！ ……………………… 80

思い切った模様替えで「ねじれ」をほどく！ ………… 82

紙の流れを意識すればもう散らからない！ …………… 84

鍵置き場にもUDを取り入れる！ ……………………… 86

作業動線を考えると印刷がラクになる！ ……………… 88

使いやすい紙置き場のヒミツは「重さ」 ……………… 90

文具はいつでも取りやすく戻しやすく！ ……………… 92

充電ステーションで充電忘れを防ぐ！ ………………… 94

光・空気・配線に気を配れば快適に …………………… 96

KPTボードで課題を共有する！ ……………………… 98

コラム その他の改善点 …………………………… 100

第 **5** 章
モノを捨てたら仕事も減らせた！

改善事例① モノがなくなることで管理する手間が減った ‥ 102

改善事例② 曖昧なルールを思い切ってなくした ……………… 104

改善事例③ 部活動顧問が選択制になった ………………………… 106

改善事例④ 長年続いてきた校内祭りを見直した …………… 108

改善事例⑤ みんなが満足する時短運動会が実現した ……… 110

改善事例⑥ 勤務時間が意識できる３つの取り組み ………… 112

改善事例⑦ 教材・情報・仕事のシェアが始まった ………… 114

改善事例⑧ 通知表の仕様が大きく変更された ………………… 116

改善事例⑨ 送る会で行う先生たちの劇をやめた ……………… 118

改善事例⑩ 新しい取り組みができるようになった ………… 120

おわりに ………………………………………………………… 122

第1章

職員室のモノ、
1t 捨てます！

ベルを
片づけたかった

このベルの存在意義とは？

　その日も職員室で棚の上のハンドベルを見ていました。
　僕の席のちょうど向かいには背の高い棚があって、高さ30cmほどのそれがシンボルのように鎮座しています。状態からして古そうで、ほこりも被っていて、とても今使っているようには見えません。

　「アレが頭に落ちたら痛そうだな」毎日そう思っていました。

　そんなのふらっと近寄って、サッと確かめればいいじゃないかとお思いでしょうが、職員室ではなぜかそれができないんです。先輩の先生の後ろを通って、「このベルなんですか？」なんて突然聞いたら完全にオカシイ人になる。そんな空気感だったのです。
　そのベルを見ていると、「なぜあそこにベルがあるのだろう」という素朴な疑問から「ベルがあの場所に存在する意義を確かめたい」という、何かこう哲学的な思考になっていきました。「いや、さっさと聞けよ！」って話なのはわかっています！　でも心の準備が…

　ベルの存在意義を確かめられないまま3ヶ月が過ぎました。

やって来た転機

　そんなある日、遠方で大きな地震が起きまして、テレビではどの局も次の大きな地震に備えてくださいと伝えています。僕は「これだ！」と思い、出勤してすぐに勇気を出して聞いてみました。

　「あの、その、その、武田先生の後ろにあるベル危なくないですか？もし地震が起こったら頭に落ちてきちゃいますよ」

　「おおっ。こんなとこにベルなんてあったんだ」

　「片づけていいです？」

　「え？　いいけど…変わってるね」

　こうしてなんとかかんとか理由を付けて、結局オカシイ人になりつつもベルを下ろすことができたのです。そのベルの正体は、始業や終業を知らせる「振り鐘」でした。終戦後しばらくはチャイムの代わりに先生がこの鐘を鳴らしながら廊下を歩いていたんですって。

　もちろん今使っている人はいませんでした。
　つまり振り鐘は、誰も管理していないからという何ともショボショボな理由で存在し続けていたのです。 その後、ショボ鐘は無事に防災倉庫にしまわれ、職員室に平和が戻りました。
　いやあそれにしても、昭和20年頃のレガシーと共に仕事をするって何だかロマンを感じた後に、「めっちゃ非効率やん！」って現実に戻されますね。

第1章　職員室のモノ、1t捨てます！　　**11**

2

理想の生活に
届かない日々

ゆとりのある生活

　朝起きて、余裕があればコーヒーを淹れる。
　椅子に腰掛け、ゆっくりと落ちる雫を眺める。
　できたてのコーヒーをカップに注ぎ、一息入れる。
　ゴミ箱に向かって投げたはずのコーヒーパックが、床一面をコーヒーカスまみれにしたところで妄想が解けました。トホホ。

　小学校の先生として働き始めた講師１年目の僕には、こんな風に朝コーヒーを淹れるようなゆとりはありませんでした。
　６時間の授業を終えるとすぐに部活に向かいます。子どもたちとサッカーをしたあと職員室に戻り、夜９時近くまで授業準備をしていました。今思えばワーカホリックそのものだったと思います。
　講師２年目は、新しい学校に異動し「定時退勤をする先生」になりました。といっても、教師の時短術を身につけたわけでも子どもが生まれたわけでもなく、１クラスを担任と副担任の２人体制で見る珍しい学校に赴任したためでした。
　担任が授業をしている間に、副担任の僕はほかの子を見たり事務作業をしたりすることができます。先生が通常の２倍なので仕事もすぐ

終わります。休憩時間にフットサルで軽く汗を流しても定時で帰れたんですよ。「こんなゆとりのある働き方もあるのか！」と衝撃でした。

講師３年目にして３校目の学校に異動しましたが、その瞬間、元のワーカホリックな状態に逆戻りしてしまいました。

別にサボっていたわけでもなく、単純に通常の業務が終わらなかったんです。「毎日休憩が取れて定時退勤ができていたのは、あの学校の仕組みのおかげだったんだなあ」と痛感させられた経験でした。

あせりのある生活

そして「このままじゃ一生ゆとりのある生活なんてできない！」と１人で勝手にあせりだし、少しでも働きやすい環境にするために、夏休みなどを使って片づけを始めました。

敷地内に３つある倉庫を全て片づけ、壊れた椅子と机を捨て、学校内のモノを動かしました。片づけによって余分なモノがなくなり、少しだけですが働きやすくなったのを感じました。それでも秋の風が吹くと、去年までのようなゆとりのある働き方が恋しくなってしまいます。

と、ここで自分の将来の生活について考えてみました。

もしも採用試験に受かって正規教員になれたとする。そうすると仕事量は今より確実に増える。毎晩帰りが遅くなって、仕事のための生活になる。朝ゆっくりコーヒーが淹れられるようなゆとりのある生活はできない。でも、将来のためにも試験は受けておきたい。でも…

ぐるぐる考えていると、ある日ぼんやりと思いつきました。

「正規教員になって、片づけで長時間労働をなくすしかないかあ…」

こうしてコーヒーパックを気持ちよくゴミ箱にシュートできるような、ゆとりある生活のために動き始めたのでした。

第1章　職員室のモノ、1ｔ捨てます！　13

職員室の空気と向き合うことにした

息苦しい空気の正体

　無事、教員採用試験に受かり正規職員として現任校に配属されました。
　初任者として、授業づくりや学級経営などに力を入れようとした矢先、あるものに出鼻をくじかれます。そう、部活動です。
　僕の自治体には小学校部活がありまして、放課後の時間を使って、野球、サッカー、バスケ、吹奏楽などが活動しています。僕も例に洩れず未経験のバレー部の顧問になりました。
　子どものためとはいえ、部活の指導をしていたらあっという間に休憩時間が終わります。勤務時間内に明日の授業の準備だってしなくちゃいけないはずなのに…みんなはどう思っているんだろう…この息苦しい空気はなんだろう…

　ここで持ち前の「存在意義を確かめたい精神」に火がつきます。

　そこでまず部活動の歴史について調べることにしました。歴史は古く、1950年ごろに中学校部活が生まれ、スポーツを大衆化させるために学校教育の中に位置付けられていったそうです。ふむふむ。

さらに小学校部活動は30以上の県で行われていないことを知りました。調べてみると学習指導要領にも載っていない、いわば伝統や慣習に近いものだったのです。子どもたちにとっては貴重な体験活動です。でも、先生たちの勤務時間を大幅に超えてまで行うことはできないという難しい問題もはらんでいます。

正しくて正しくないこと

　「この事実をみんなにも伝えなくちゃ！」と思い、霧の中でさまよっている先生たちに伝えに行きました。しかし返ってきた答えに腰を抜かすことになります。

「人がいないからさ…やってよ…」

　な、なぜだ。誰からも強制されていないはずなのに、子どもたちのためにやってしまう。2020年からは授業時数が増えて、もっと忙しくなるのになぜ今見直そうとしないんだ。この見えない鎖の正体について考えたところ、1つの仮説にたどり着きました。

「そういう空気だから」

　空気とは恐ろしいもので、多数派同調バイアスによって少々無理があるとわかっていても、周りに合わせてしまうそうです。
　でもそうするとですよ。空気が変われば少しずつ変わっていくかもしれないということですよね。**つまり、「学校全体を片づけて空気をガラッと変えれば、いろんな見直しも進むのでは？」**そう思いました。
　ただそんなことは、「初任者」の僕には到底できません。そこで、このときから自分のことを「片づけ大好きお兄さん」だと思うことにしました。自己暗示って結構大事です。

第1章　職員室のモノ、1t捨てます！　　**15**

断捨離で見えた
学校の課題

ボケとツッコミ片づけ術

　さあ、晴れて片づけ大好きお兄さんになれたので、周りの目を気にせずになんでも片づけられる気がしてきました。**そこで、夏休みを使って同世代の先生と教材準備室を片づけてみました。**

　教材準備室とは、算数や生活、社会科の資料などがしまわれている部屋です。使いやすいようにしまわれていれば問題ないのですが、ここは…一言で言えば実家の押入れ。みなさんの実家の押入れも、とにかくなんでも無造作にしまいこまれていたりしませんか？

　さっそく作業を始めると、ものの数分で様々な判断に迫られます。

「この脚が欠けた大きい地球儀は捨ててもいいのか」
「数え棒は何本いるのか」
「昭和から使っている古い教材はいつまで使うのか」

　あの片づけで世界的にも有名になったこんまりさんは、著書『人生がときめく片付けの魔法』（近藤麻理恵著、サンマーク出版、2010）の中で、モノを１つひとつ手に取ってときめくかどうかを捨てるときの判断基準にしていました。

それに倣って、僕らは１つひとつ手に取ってツッコミを入れられるかどうかを判断基準にすることにしました。

　「何これ！　いや、大きい地球儀３つもいるか！？」
　「何これ！　数え棒5000本って！　何人子どもいるの！？」
　「何これ！　30年前の教材って僕らと同い年やん！」

　楽しくボケたりツッコんだりしながら整理を進めていくと、片づけがスピーディーに進みました。数日後には、今必要なモノが少しずつわかるようになりました。夏の暑さに蒸されてベタベタになっていく僕らに反比例して、教材室はみるみる綺麗になっていきました。

片づけを通して学校を考える

　片づけの最中面白いことが起きました。綺麗にするのが目的だったはずなのに、いつの間にか「学校はモノが多くて管理するのが難しい」「初めて来た先生でも使えるようになっていない」などの学校の課題について自然と考えていたのです。これは、こんまりさんが言っていた「自分と向き合う」というやつに違いありません。
　ここでピンと来ました。じゃあ「この片づけの効果を使って学校全体をみんなで片づけることができたなら、みんな学校について考えるようになってくれるかもしれない」もしそうなら、学校が今よりもっとよくなるぞ。考えるとワクワクしました。

　僕には「学校の長時間労働をなくす」という目標があります。そのためには僕１人で時短をするだけじゃ満足できません。職場のみんなで考えて、みんなで早く帰れるようにしたいのです。
　でも、どうやったら忙しい先生たちを巻き込むことができるのか、皆目見当も付きませんでした。

第１章　職員室のモノ、１ t 捨てます！

5

まさゆめチャレンジで よりよい職場づくり

短期プロジェクトを考えてみる

　僕の学校には一風変わった「夢チャレンジ」という取り組みがありました。学校がもっとよくなる案を校長が職員みんなから募集する、という夢のような試みです。

　でもあまりにも数が多いと、意見をまとめるときにしれっと消されちゃうことがありました。まさに「夢」チャレンジ。そこで、10個の要求を1つの短期プロジェクトにまとめて提案することにしました。プロジェクト名は「まさゆめチャレンジ」、2年間活動する計画です。夢は正夢にしていきたいですからね。

　説明しよう！　まさゆめチャレンジとは、学校を片づけまくって健康的で効率的な職場に生まれ変わらせる案なのである！

　もっと難しく言うと、学校の中に労働安全衛生管理体制を一からつくるんです。労働安全衛生法に則って、安全衛生委員会を設置して衛生推進者を選任します。衛生推進者は学校が健康的で効率的に働ける職場になるように職員に働きかけます。声をかけるだけでなく、働きやすい環境になるように片づけを中心に改善をするのです。

トヨタを基にした学校の5S

　こうした複雑な案を通すために、主に工場の生産管理の本をいくつか読んで活動を貫く考えや計画を練りました。

　活動を貫く概念は、**学校の5S**です。5Sとは、トヨタが考えた生産管理のためのスローガンで、「整理・整頓・清掃・清潔・しつけ」の頭文字をとって5S。働く人の健康を第一に考える労働安全衛生の分野ではとてもポピュラーな概念です。

　学校の5Sは、「整理・整頓・清掃・清潔・習慣」です。僕は、先生たちが自分の健康を守るために5Sを習慣にしてほしいと考えました。しつけよりも学校現場に馴染みやすいのではないでしょうか。

　管理職が早く帰れと言うからそれを守るよりも、自分たちの健康のため、家庭のために早く帰りたいから声をかけ合うほうが美しくありませんか？

　ミさゆめチャレンジは、学校の5Sを軸として、「快適」で「効率的」な職場をつくることの2つの柱からなります。長時間労働を減らしてなおかつ生産性も上げられるプロジェクトです。

　先生方が活動を負担に感じないように、管理職や教務主任、教科主任の先生方に協力していただきたいことを半年先の分まで示して工程表にまとめました。初めての試みも、見通しがもてたら安心ですよね。

　職員会議の終わりに別枠で時間を設けてもらって提案しました。

　学校を片づけたいという純粋な案が却下される理由もなく、普通に審査をパスしました。これで、「先生たちが教育活動に専念できる環境をつくる！」という大義名分ができました。

　あとは、管理職や、教務主任、各教科担当の先生方と連携して学校を片づけていくだけです。やった〜どんどんいきましょう〜

第1章　職員室のモノ、1t捨てます！　19

6

断捨離で小学校
部活動が変わった

職員室のダイエット

　職員室ってモノが多くありませんか？　教材や資料、紙や事務用品
など、とにかくたくさんあります。これって人間でいうと太っている
状態なんです。「じゃあダイエットしましょ」ということで、工程表
に沿って作業を進めていくことにしました。

　片づけのイメージは、「職員室のダイエット」です。

　**片づけの舞台に職員室を選んだ理由は、職員室が教育活動のコアだ
からです。ここが変われば何かが変わるかも…。**

　方法は職員室の中からモノを１つずつ捨てていくだけ。

① 　職員室の出入り口に不用品置き場をつくりまして
② 　職員室の中の「いらないかな？」と思うモノを置きます
③ 　移動するか、捨てるかを知らせる紙を貼って
④ 　３日間置いておきます
⑤ 　３日間誰からも声がかからなかったらポイ！

　毎日１つずつ職員室からモノがなくなるシステムの完成です！

　先生たちが毎日通る場所に置き場を設置することで、捨てるための
合意形成が日常的に取れるように工夫しました。

３ヶ月間のダイエット結果発表

　捨てるものは不用品置き場へ、移動させるものはあるべき場所へ移動させます。とにかく職員室からモノを動かすことが大事です。

　捨てていくときには１つずつ、モノの重さを測って、どんなものが何kg減ったのかを記録して掲示していくことにしました。ダイエットですからね。可視化することで職員室からどれだけモノがなくなっているかを先生みんなで共有できるようになりました。

　はじめの１ヶ月で100kgを超え、２ヶ月で400kgを超えました。３ヶ月でなんと789kgのダイエットに成功しました！

　実際のダイエットもそうですけど、毎日、数百グラムでもコツコツ減っていくと嬉しいですよね。それと同じで、職員室から少しずつでもモノが減っていくと、なぜかだんだん嬉しくなります。**先生たちからも「もっと減らせるものないかな？」「多すぎる行事とかも減らしちゃう？」という声が自然と上がるようになっていきました。**

　そこで、今までなんとなく言いづらかった、小学校部活動の見直しの提案をしてみました。すると部活動顧問全員と管理職で話し合えることになったのです。や、山が動いた！

　話し始めるとみんな、子どもたちのためにやってあげたいけど実は負担にも感じていることがわかりました。部活動を無理なく維持していける良い方法はないか議論した結果、**「部活動縮小プラン」をつくって、数年かけて徐々に負担を減らしていくことになったのです。**

　片づけで空気が変わったら本当に見直しが進みました。目に見えるモノを捨てることで、目に見えない仕事も減らせるようになる。まさに断捨離と同じ思考の流れを感じたのであります。

第１章　職員室のモノ、１t捨てます！

7

職員室のリデザイン①
マネジメント編

職員室の中の様々なねじれ

　やっぱり、片づけには部屋が片づく以外の、何か精神的な効果がありそうです。それがどんなものなのかが知りたくて、職員室全体をレイアウト変更したくなってきました。もう完全に、テスト前に部屋の模様替えをする中学生状態のさらに悪化したやつです。

　ざっと室内を見渡すと、いろいろなねじれに気付きます。

　1つ目のねじれは学年の棚。1年生の先生の後ろに2年生の棚があったり、特別支援の先生の棚だけ遠いところにあったりと、ねじれて配置されていました。これは不便ですね〜

　2つ目のねじれはモノの配置。文房具が1箇所ではなく、散らばって配置されています。折り紙や色紙も点在しているため、児童が取りに来たときに職員室内をあちこち歩き回る配置になっていました。点在していることで余剰品も増えています。これは無駄ですね〜

　3つ目のねじれは人の動線。理想はコンビニの店内です。でも職員室後方の印刷スペースは通路中央に大きめの棚があって、通路を塞いでしまっています。印刷するためには大回りして歩かなければいけません。しかもコピーし終わった紙を置く台がないので、隣のコピー機の上に置いています。あ、落ちた。これはなんとかしたいですね〜

不用品置き場で棚のマネジメントをする

　さて、この問題を解決するために、校舎の空きスペースにもう１つ不用品置き場をつくることにしました。

　皆さんスライドパズルって知ってますか？　５×５のプラスチック製のパネルがついていて、１箇所だけ欠けています。欠けた場所にパネルをスライドさせていくことで１つの図柄を完成させるというおもちゃです。空きスペースの不用品置き場は、この欠けたピースと同じ役割をします。つまり、欠けたピースをつくることで、職員室や校内にあるほかの不用な棚などを自由に動かせるようになるのです。

　早速、教務主任や学校事務職員の方にもお願いして、職員室の通路を塞いでいた棚や壊れかけた棚を出していきます。職員室内には、５人家族がちょうどピクニックでシートを敷けそうなほどのスペースが生まれ、不用品置き場には棚が３つ溜まりました。

　学校用務員さんたちとも協力して校内や各教室を回り、不用な棚を少しずつ集めていきます。例えば、視聴覚準備室の使われていない横長の棚。コンピュータ室のデッドスペースにある、何も入っていない引き出し付きの棚。

　学校には、お金はないけど使える棚は結構たくさんあるんですよ。

　先生たちの力はすごいです。６ヶ月も経つと、不用品置き場に大量のストックができました。眺めていると、活用したい場所やアイデアが次々に浮かんできます。僕にはさながら、宝の山のように見えました。

　こうして棚をマネジメントすると、予算を気にしたり棚の発注を待ったりせず、すぐにレイアウト変更ができるんです。モノを大切にするって本当はこういうことだと思っています。

第１章　職員室のモノ、１ t 捨てます！　23

職員室のリデザイン②
レイアウト編

シミュレーションは念入りに

　棚が溜まってきたところで、職員室のレイアウト変更を本格的に進めていくことにしました。

　まずは、学年棚の正しい配置を探るために、職員室のオフィス家具を100分の1程度に縮尺した配置図を作りました。それを切って机の上で並べ替えて最適な場所を考えます。同僚とびっくりドンキーで食事をしている際に、職員室のオフィス家具の配置をびっしり書き込んだノートをニコニコしながら見せたところ

　「頭がおかしい」

と、褒められました。**入念にシミュレーションすることで、学年棚の配置のねじれも解消しました。**

　次に文具棚を新設します。当時の文具棚はダンボールの箱を引き出し代わりにした、かなり使いづらいものでした。棚のマネジメントでゲットした引き出し付きの棚をリユースして、新しく収納を作ります。モノが定位置にしまわれたことで使いやすくなりました。定位置を明確にすると、すでにあるモノを買わなくて済むようになります。

次に印刷機周りのレイアウト変更に着手します。印刷スペースはよく使うので、効果的な配置にして利用しやすくなるといいですよね。どうせやるなら自分なりの理想を追求したいと思い、工場の作業場のレイアウト本などをたくさん読みました。効率を上げるポイントは、作業動線だそうです。

　「学年のテストを刷る作業」を分解してみます。

　　印刷する　→　整えてクラスごとに並べる　→　クリップで留める

　この動作が滞りなく行えるように作業台を新しく作り、印刷機、作業台、文具入れを同一直線上に配置しました。紙の補充のことも考え、印刷機の真後ろに補充用紙が置かれているようにしました。密かなこだわりですが、100枚入りの重い補充用紙を取りやすいように胸の高さに配置してあります。また、文具棚が作業台と同じ高さになるように配置して、文房具をかがんで取らなくていいようになっています。製造業界では作業姿勢と言うそうです。みんなが楽に作業ができるようになるといいな。

レイアウト変更をした効果

・学年棚、文具棚、印刷機が使いやすい位置に配置された
・特別支援の先生用の棚を新設し、物がしまえるようになった
・視聴覚機材が鍵付きの棚に入り、セキュリティ面が改善した
・動線がすっきりして動きやすくなった
などなど。そのほかにも50以上の改善がされています。

　ねじれがずいぶん解消しました。意識しなければ気にならないのかもしれませんが、働きやすい職場にするためには、こうした小さな心遣いが必要かもしれませんね。あーすっきりした。

第1章　職員室のモノ、1t捨てます！

[短期プロジェクトの提案資料]

快適で効率的な職場へ（案）
ゴールに向けて、今後実施されること

目指すゴール

５Ｓが定着した教材室

左の写真のような状態を目指す。

・整理・整頓がされている
・表示が適切にされている
・通路に物がない
・高い棚の上に物がない
・清潔である
・室内照度が適切である
⇩

必要な物が必要な時に必要なだけ使える！

計画の全体像

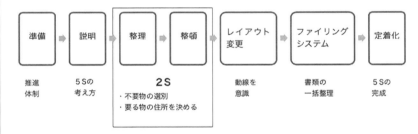

まずは２Ｓから

　整理・整頓だけでも、職員全体で取り組めば、ものすごい効果が得られる。
　今年度は、まず「不要品置き場」を作り、職員室の不要物の選別をひとつずつ進めていく。
　整理の対象は、職員室内にある全ての物と書類。事務用品、余剰品、掲示物、使っていない書籍、空いたキャビネット、机、棚などである。
　学年所有の物は、時間がある時に各学年で整理する。それ以外の物は、各領域の先生や安全衛生委員会と相談の上、日常的に〇〇（衛生推進者）と△△（養護教諭）が整理する。

快適で効率的な職場へ（案）
具体的なプラン

快適で効率的な職場を作るために、以下の２本の柱で取り組みを進める。

○ 快適な職場へ　（担当：養護教諭）

　職場の快適性を上げるには、安全であること、清潔であること、環境が整っていること、規律が守られていることが大切である。

　職員室においては、労働安全衛生法に則った基準を設定し、職員全体で意識して守らなければならない。

○ TO　DO

・職員室のルールの策定
・職員作業で整理・整頓
・チェックリストで整備状況の確認

◇ 効率的な職場へ　（担当：衛生推進者）

　扱う物の種類や数が多い小学校は、どうしても煩雑になりがちである。決められた時間内で効率的に働くためには、整った環境が必要不可欠である。

　そのためには管理する物の数を減らすとともに、物を増やさない仕組み作りが必要である。また、日々の業務で感じた改善点をそのままにせず、職員全員で少しずつ解決していかなければならない。

◇ TO　DO

・「職員室の５S」を実施する。
・KPT(ケプト)ボードで改善点を「見える化」する。

KPT(ケプト)ボードとは

　Keep(保留)、Problem(問題)、Try(実行)の頭文字をとったタスク管理ツール。Problemに改善点を貼り、実行か保留かの判断をする。

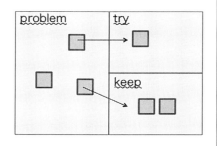

第１章　職員室のモノ、１t捨てます！　27

[実際の家具配置ノート]

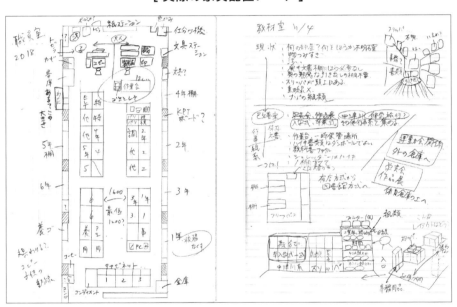

「短期プロジェクトの提案資料」をつくる前に、その準備として
職員室内の配置と収納棚の置き場所のアイデアをノートに書き出しました。

[印刷機ビフォーアフター]

機械が3台並んでいる印刷スペース

作業台のある印刷スペース

[文具棚ビフォーアフター]

ダンボールを使っていた文具棚

定位置が決まった文具棚

[特別支援の先生用の棚]

大きすぎて遠くにあった棚を小さいものと取り換えることで、近くに配置できました。

[視聴覚棚]

使用頻度の低い教材準備室にあった棚を職員室に持ってきました。

KPT ボードで
50 の業務改善！

（タイトル上ルビ：ケプト）

業務精選のためのツールを設置しよう

　職員室のダイエットを始めて1年ほど経ちました。使いづらい細かな点も見つかり、相談や修正を繰り返しながらなんとか形になってきました。さらにボディメイクを続けましょう。

　体重が減って理想の体に近づくと、普段の食事にも気を使ってもっと健康になりたいと思うのが人のサガというものです。モノのダイエットの次は、業務のダイエットをすることにしました。

　方法は、職員室の中にKPTボードという学校の改善点を可視化するツールを作るだけです。思いついた改善点は付箋に書いてこのボードに貼ります。それらをできることから改善していくことで、長時間労働の縮小につなげます。

　『メモの魔力』（前田裕二著、幻冬舎、2018）と同じで、業務の精選は、思いついたときにすぐメモができると捗るんです。僕は「衛生推進者として」貼られた改善点をマネジメントをすることにしました。

　新しくチャレンジを始めた取り組みなので、1ヶ月間はキャンペーン期間にしました。どんなに小さなことでも、何か一つでも書いてくれた人には三越で買ったちょっといいお菓子をプレゼントします。職員室の中はお菓子経済ですからね。

[KPTボードと使い方]

KPTボード

実行するもの

保留にするもの

学校はみんなでつくる

　KPTボードに貼られた意見は生物(ナマモノ)なので、なるべく早めにトライするかどうかの判断をしました。職員の方から出た意見を各担当の先生や管理職などに見せ、立ち話をしながら考えていきます。変更があれば安全衛生委員会や職員会議の提案の際に全体に知らせます。設置してから現在までに53の業務改善がなされています。

・開校以来初の時短運動会が実現した
・勤務終了時刻にメロディを鳴らすようにした
・子どもに学校のルールを伝えるデジタルサイネージを設置した

　KPTボードの利点は、いつでも、誰でも学校の改善を意識できることです。管理職や教員はもちろんのこと、保健室の先生も給食の調理員さんも用務員さんも、誰もが学校の業務改善に参加できます。働きやすい職場は、みんなで知恵を合わせて考えるような民主的なスタイルが理想的だなと思います。
　また、これらの改善は、職場の先生の努力と管理職の理解によって実現するものです。実現が難しいものも多くあるのが現状です。これからも、ゆっくり焦らず考えていきたいです。

第1章　職員室のモノ、1t捨てます！

10

時間外勤務が
30% 減る職場へ

まさゆめプロジェクトの総まとめ

　先生の長時間労働を解決するにはどうすればいいか、片づけ大好き
お兄さんなりに考えていろいろ試してきました。教材室を片づけた日
から2年。考えると随分遠くまで来た気がします。

〈1年目〉短期プロジェクト「まさゆめチャレンジ」を提案しました。
職員室の断捨離をして管理するモノの量を減らしました。
〈2年目〉快適で効率的に働けるように、職場のレイアウト変更をし
ました。KPTボードを設置して業務改善に取り組みました。
〈3年目〉業務や行事の見直しをした効果が実感できるようになりました。

　職員室のレイアウトを変えたことで作業効率が上がりました。衛生
管理者の養護教諭を中心に職員室使用のルールを話し合うことで、職
員の衛生感覚を上げることができました。
　さらに、安全衛生委員をつくって学期末に職員室内の衛生点検をす
ることで、快適で整理整頓された環境が維持できるようになりました。
　行事は、運動会の実施計画を根本から見直して、当日の実施時間だ
けでなく、練習にかける時間も大幅に減らしました。

学校は3年でここまで変わる

先生たちの時間外の勤務時間にも変化が現れ始めました。

[2019 年度の職場の時間外勤務の変化]（％は前年比）

4月	5月	6月	7月	9月	10月	11月
31％減	31％減	25％減	43％減	32％減	35％減	38％減

　前年度と今年度に在籍した教員14人を対象にした調査の結果です。**全体で平均すると時間外勤務が毎月、前年比約30％減っていました。**職員室のレイアウト変更や業務の精選の効果が見られたということなのでしょうか。もちろん、前年度と校務分掌が変わったり、世間の働き方改革の影響を受けていたりすることも時間外勤務が減った要因かもしれません。ただ1つ言えることは、それぞれの先生が決められた時間内で最大限のパフォーマンスを発揮するために、奔走したということです。

　早く帰れるようにするためには、こうした環境整備によって空気をつくることが大切だと思います。変化に対応できる環境をつくっておくことは、新しく始まる新学習指導要領に対応するためにも必要です。本棚が溢れた状態で本は入りませんから。

　前にも述べましたが、僕はこうした改善活動を「**学校の5S**」と呼んでいます。これから皆さんにその詳しい考え方や環境整備の方法などをお伝えしたいと思います。

　先生たちが子どもを守るため、教育を守るため、そして自分を守るために学校の片づけに取り組んでくれたら、こんなに嬉しいことはありません。

■ Column ■
短期プロジェクトという近道

　例えばあなたが、「初めて赴任された先生でもわかるように、学校の仕事のマニュアルを作りたい」と思ったとします。

　じゃあどうやって会議に上げて、さらに承認されるんでしょう？

　職員会議で発言したところで、「いや無理でしょ」って反対されて撃沈する絵が想像できますよね。

　こういうのは職員会議という正規ルートで聞くからいけないんです。**「短期プロジェクト」という全く別のルートを自分でつくって、そこで提案すると通る可能性が上がります。**

　校長にプレゼンしてみましょう。

　「学校の引き継ぎには課題がまだまだあると思います。そこで仕事のマニュアルを作りたいです。3ヶ月の期間限定で取り組む短期プロジェクトをさせてください」

　きちんと校長と話し合いをして、計画や意義に筋が通っていれば熱意は伝わると思います。校長に認められたら、職員会議が終わった後に職員の皆さんに向けて「これこれこういうことをしますよ」と話してもらいましょう。合意形成ができたらすぐに始められます。

　ということで、学校全体で新しいことを始めたかったら短期プロジェクトを立ち上げましょうという話でした。

　「なんでもできるんだ」って考えられるようになれれば無敵です！

第 2 章

5S で変わる
あなたの働き方！

世界的に有名な5Sで片づけ上手になろう

5Sとは

　小学校の先生の個人机って綺麗な状態に保つのが難しいんです。だって、丸付けをしてたら明日配布のチラシがドサッ、会議資料がドサッ、教材見本がドサッ。あっという間に散らかっていきます。

　そんなときは5Sの考え方を知って、スッキリと仕事ができる机をつくってみましょう。整理・整頓・清掃・清潔・習慣（しつけ）の頭文字を取って5Sです。海外でも5Sで通じるそうですよ。

整理　　不要なモノを取り除くこと
整頓　　使いやすいように並べて表示をすること
清掃　　ほこりが溜まらないように掃除をすること
清潔　　綺麗にした状態を保つこと
習慣　　整理・整頓・清掃・清潔をこまめに続けること

　この考えを基に、整理整頓ができて、掃除をして綺麗が保て、しかもそれが習慣になる机をつくれば誰でも片づけ上手になれるんです。
　忙しい毎日だから、散らかってしまうのは仕方のないことです。まずは、片づけやすい机づくりから始めませんか？

5Sについてちょっと詳しく

整理について

　「整理する」とは、今使っていないモノを捨てたり移動させたりすることを意味します。整理するときは、「このモノはこの場所に必要か？」と常に考えながら行いましょう。実は半分くらいのモノは別の場所でもよかったりします。

整頓について

　例えば、平積みされた本は取り出しにくいですよね。取りやすいように1冊ずつ本棚に立てていく作業を「整頓する」と言います。整頓したあとはモノの名前を書いたシールを貼っておくと、再び散らかるのを防げます。

清掃について

　本当の5S活動は勤務時間内に職員全員で掃除をする時間をつくるのですが、教員は忙しすぎてなかなか時間が取れません。まずは3分間でいいので、身の回りを掃除することを意識しましょう。

清潔について

　学校用務員さんに職員室の掃除をお願いしたり、自分でも定期的に硬く絞ったタオルなどで水拭きをしたりしましょう。職場の衛生度は、第4章の安全衛生チェックリスト（本書97頁参照）で確認することができます。

習慣について

　モノを減らしながら使いやすいように整える習慣を身に付ければ、どんなときも効率よく仕事ができるようになります。場合によっては職員室の中で新しくルールを決めることも必要です。

モノの性質を知って モノと仲よくなろう

モノが散らかる理由

　学校は、扱うモノが多いため散らかりやすいことはこれまでにも述べました。でも、そもそもどうしてこんなにモノが多くなってしまったのでしょうか。

〈理由1〉モノの管理も先生の仕事になっている
　海外では、学校を管理する職員と先生が明確に別れていますが、日本の先生はそのどちらも担います。海外と比べて単純に2倍の仕事量なので、モノを扱いきれずどんどん溜まっていく傾向にあります。

〈理由2〉「モノを大切にする」という教育
　戦後のモノがない時代から、モノを大切にすることはいいことだと教えられてきました。そのため、教育に関するものを捨てるのは悪という雰囲気が生まれてしまいました。
　確かに当時は、少ないモノを捨てないで大切に使うのはいいことでした。しかし、モノが増えすぎた現代では、**自分が扱えるだけの量を持つこと**こそが本当の意味でモノを大切にするということなのです。そのために捨てることは全然悪いことじゃないんだぜ。

モノの性質を知る

　整理整頓で一番大切なことは何なのかと言いますと、それは片づけの方法ではなく**モノの性質を知ること**です。犬や猫の生態を知って仲よくなるように、モノの性質を知って仲よくなってみましょう。

〈性質１〉 モノは人間が動かさないと動けない

　よく「部屋が散らかる」と言いますが、勝手に散らかっているわけではありません。やりっ放し、出しっ放しにして、使っている人が散らかしているのです。モノが変なところで止まっていたら、優しく抱えて適切な場所に移動させてあげましょう。

〈性質２〉 モノは住所がないと帰れない

　ファイルなどの大きいモノだけでなく、文具やハンコなどの小さいモノまで１つずつ丁寧に、しまう場所を決めてあげましょう。そうすればいつも同じ場所に帰ってきてくれます。テレビのリモコンがよくいなくなるのは住所不定だったからなんですね。

〈性質３〉 いらないモノは毎日増えていく

　授業研究で使った提示物や行事で使った飾りなど、「誰かにとって必要だったモノ」や「そのときは必要だったモノ」は大事にしまい込んでしまうと、気づかないうちにいらないモノへと変化します。使い時を見極めて、使い切ることが大切です。モノの賞味期限は、とりあえず野菜室に入れた大葉くらい短いと思っておきましょう。

　まとめると、モノを扱うときは定位置を決めて、使ったら必ず元に戻す。モノが溜まらないように定期的に捨てる。そのための基準として自分なりの適正量を決める。これが大事です。なかなか世話の焼けるやつですね。

第2章　5Sで変わるあなたの働き方！　39

お金を数えて
かんたん整理整頓

実は誰でも自然にできる整理整頓

　ちょっと想像してみてください。
　「あなたは今、パンパンになった小銭入れを持っています。中身を999円だけにしてください」

　こう言われたら、ほとんどの人がこうするんじゃないでしょうか。
① 　小銭を全部出す
② 　レシートやゴミなどを取り除く
③ 　100円や10円などを種類ごとにグループ分けする
④ 　999円になるように小銭を数えて、必要な分だけにする
⑤ 　999円だけ元に戻す

　なんと、机の整理整頓もこれと全く同じ流れで行うことができます。
① 　引き出しの中身を全部出す
② 　お菓子のゴミやもう必要なくなったモノを取り除く
③ 　ファイルや書類、文房具など種類ごとにグループ分けする
④ 　必要な数を決めて、余分なモノは捨てるか移動させる
⑤ 　自分で決めた量だけ元に戻す

[整理整頓の流れ]

① 全出し

机の中のモノを全て出します。どれだけのモノがあるか、まずは全体量をつかむことから始めましょう。

② 取り除く

後で整頓しやすいように、ゴミやもう必要なくなったモノは先に取り除いておきます。

③ グループ分け

同じ種類のモノをまとめて、重複して持っているモノを探します。

④ 必要な数

しまうモノの数を決めて、それを超えるモノは除きます。

⑤ 戻す

残ったモノを引き出しに戻します。

完成！

スッキリしました。

　できました！ お金を数えるイメージを持っていれば、いつでも整理整頓ができますね。

第2章　5Sで変わるあなたの働き方！

「溜めない」仕事机を つくってみよう

仕事机には「今」使っているモノのみ置く

　効率よく作業ができる机は、最小限のモノしか置いてないそうです。
　僕は試しに、全ての教科書を教室に置くことにしました。学年に関係のあるプリント集は学年の棚に入れます。ハサミやのりなどは職員室の共有文具を使うので個人では持たないようにしました。

薄型引き出しの中はお菓子とサッと取り出したい書類があります。
引き出し①は定期的にチェックする重要書類とペンと文具です。
引き出し②はモノの避難所です。
引き出し③はファイル類やプリント集です。
机下の収納棚は使い勝手が悪いので鞄入れにしています。

　実際にやってみると、今は使っていないモノを別の場所に移動させるだけで簡単に何もない机がつくれることを発見しました。さらに、トレーを1つ置けば机の上で紙が散らばることが少なくなります。

　とはいえ、こんな状態を常に保てるはずがありません。余裕があるときに整頓すればいいんです。

[薄型引き出し]

お菓子・書類

[引き出し①]

重要書類・文房具

[引き出し②]

モノの避難所

[引き出し③]

ファイル類・プリント集

[机の下]

鞄

[時に崩れてもまた整頓すれば OK]

理想

ある日の現実

第2章　5Sで変わるあなたの働き方！

5

捨てていいモノ ダメなモノ

備品は「原則」捨てちゃダメ

　「自分の机が綺麗になったので、視野を広げて担当教科の教材室を片づけてみましょう！」と言っても、何でもかんでも捨てていいわけではありません。備品と消耗品の違いをしっかりと認識しておかないと、後でシャレにならないほど大変なことになります。

　備品とは、２万円以上のモノのことです。
　学校は、所有する備品を常にいい状態で使用、整理、保管することに努めなければなりません。
　そのため購入した２万円以上の備品には、全て備品小票と呼ばれるシールを貼り、財務会計総合システムに登録して管理しています。
　このシールが貼ってあるものを勝手に捨てると、年に１回の照合の際に現物がないという事態になってしまいます。ですから、シールが貼ってある備品に関しては「原則」捨てないようにしましょう。

　それ以外で捨ててはいけないモノは、以下の通りです。
・レンタルやリース品　・切手、印紙、乗車券などの金券類
・災害救助用の備蓄消耗品　・異動された先生の私物　など

実は、ほとんどのモノは捨てられる

　消耗品とは、2万円未満のモノのことです。
　備品以外のものを消耗品と呼びます。学校にあるほとんどのモノはこの消耗品に分類されるため、壊れたり使い切ったりして必要がなくなれば、比較的自由に捨てられます。シールが貼ってないものに関しては、センシティブになりすぎなくて大丈夫です。

　では、備品は捨てられないのかというと、きちんと手続きをすれば捨てられます。備品には「最低でも◯年使ってくださいね」という縛りがあるのですが、その年数を超えたモノは備品であっても捨てられるようになるのです。例えば、僕の自治体の縛りは5年なので、2020年に片づけをした場合、2015年以前に購入した備品と消耗品は捨てることができます。そう考えると、学校のほとんどのモノは捨てられるということになるのです。

　また、片づけによって学校事務職員の方に手続きをしていただかなければならない場面が増えます。事前に見通しを伝え、連携して行いましょう。

左が消耗品、右は備品です

第2章　5Sで変わるあなたの働き方！

学校のモノの
捨て方・動かし方

捨て方のツボ

　教材室の片づけは決断の連続です。
　今後いるのかいらないのかを瞬時に決めなければなりません。
　そのときに迷わないように、**「これは捨ててもいい！」ときっぱり言えるような基準を自分の中にもっておきましょう。**

基準は以下の通りです。

- 古い
- 多すぎる
- 使いづらい
- 存在を忘れている
- 汚い
- 壊れている
- 今は使っていない

　どれか１つでも当てはまったら手放すものリストに追加します。
　もしも迷ったら「管理コスト」を考えてみましょう。散らかって混ざったモノを分けるのが手間だったり、ほかの教材に埋もれてしまったりするようだったら、それは管理コストが高いということです。手放すことで得られるメリットもあります。自信をもって！

46

動かし方のツボ

　学校内の1階の部屋もしくは空きスペースに不用品置き場をつくり、その場所に廃棄予定の備品や棚を動かしていきます。動かすというより流すイメージです。流しソーメンの受け皿が不用品置き場です。

[不用品置き場とモノの移動]

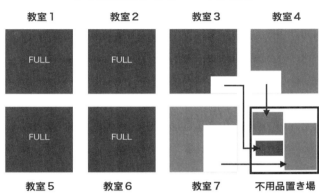

　不用品置き場に溜めた棚は校内の古い棚と取り替えたり、必要な箇所に新しく棚を作ったりして、できる限り再利用します。壊れていたり古すぎたりしてどうしても使えなさそうなモノは捨てます。1つひとつ捨てていると手間なので、溜めておいて夏休みにトラックで一気に持って行ってもらうと効率がいいですよ。

不用品置き場

大型トラック2台分でした

第2章　5Sで変わるあなたの働き方！

7

グルーピングと
ラベリングが基本

整理収納の基本のき

　教材室のいらないモノが減ってきたら、グルーピングやラベリングを使って整頓していきましょう。

　グルーピングとは、「複数のアイテムをひとまとめにして管理すること」です。例えば、気分が悪くなって吐いてしまった子がいたときに、拭くものや消毒スプレーなどをいちいち集めてたら時間がかかりますよね。そこで細々したものを一まとめにした嘔吐処理セットを作ります。こうすることで誰でもすぐに処理に当たれるようになります。

　ラベリングとは、「モノの定位置がわかるように名前を付けること」です。例えば、教師用の三角定規をまとめるカゴにラベルライターで「三角定規」と表示します。こうすると借りられた三角定規も、また元の住所まで帰ってくることができます。

　また、ラベリングにはモノの名前を示すものと、中身を知らせるために、中身の写真を貼るものの2種類があります。右の写真の「運動会でしか使わないもの」は、「運動会」というグルーピングをして「写真を使ったラベリング」が施されています。

[グルーピングとラベリングの実際]

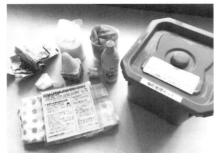

グルーピングの例

ラベリングの例

[グルーピングと写真を使ったラベリングの合わせ技]

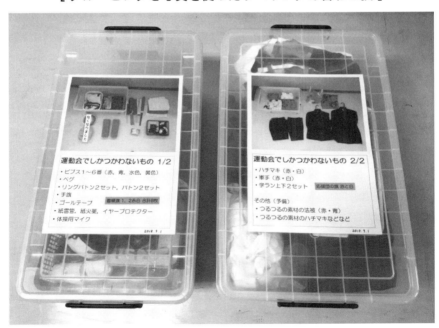

毎年使うモノはまとめておくと探す時間が大幅に削減できます。
職員の入れ替わりが多い職場でも、これで安心です。

第2章　5Sで変わるあなたの働き方！

8 ゾーニングと作業動線で動きやすく

人の動きもデザインできる

　モノが減ってくると、棚のレイアウト変更も容易に行えるようになります。教材室を使いやすく模様替えしてみましょう。

　ゾーニングとは、「使う人や用途に応じて空間を計画すること」です。例えば、子どもがはかりを取りに来ることを考えて、棚と棚の間隔を少し広めにとったり、資料を保管するスペースと閲覧するスペースを分けたりすることを指します。

　作業動線とは、「作業の一連の流れのこと」です。例えば、収納ラックに立てかけられた板書板を引き抜く動作は、後ろにある程度のスペースがないとできません。そうしたことまで考えて配置をします。

　整理収納の分野では、ちょうど前ならえをしたときの腕の高さのあたりをゴールデンゾーンと呼びます。**重いモノや取り出しにくいモノはゴールデンゾーン（中段）に配置すると、取りやすくなります。**

使用頻度と配置

[ゾーニングとゴールデンゾーンへの配慮の実際]

ゾーニングを考えたゆとりのある配置

通路が広いと引き出しやすい

中段は子どもも取りやすい

第2章　5Sで変わるあなたの働き方！　51

先生の健康を守る学校の5S

短期プロジェクトを考えてみる

　もしあなたが長時間労働という社会問題を解決したいのであれば、職場の安全衛生管理体制を整えるような提案をしてみましょう。

〈例〉短期プロジェクト「まさゆめチャレンジ」
提案：安全衛生委員会を設置し、衛生管理者・衛生推進者のもと、教職員が教育活動に専念できる職場環境をつくります。

[活動を貫く考え方は「学校の5S」]

　5Sのサイクルを意識し、片づけやレイアウト変更などをしながら働きやすい職場をつくる案です。

計画は二本柱で

① 快適な職場へ

職場の快適性を高めるには、安全であること、清潔であること、環境が整っていること、規律が守られていることが大切です。労働安全衛生法に則った基準を設定し、職員全体で意識して守らなければなりません。

② 効率的な職場へ

決められた時間内で効率的に働くためには、整った環境が必要不可欠だと考えます。そのためには管理するモノの数を減らす（ダイエット）とともに、モノを増やさない仕組みづくりが必要です。作業は工程表に従って進めます。

［ 工程表 ］

ダイエット計画

実施項目	31年度												32年度		
	4	5	6	7	8	9	10	11	12	1	2	3	4	5	6
キックオフ	☆														
推進体制の周知	☆					☆							☆		
準備															
・職員室内不要品置き場の確保	→														
・学校準備室の整理・整頓	→				→										
・掲示板（KPTボード）の設置						→	KPTボードの本格的活用開始								
整理（捨てること）															
・印刷室の整理		→													
・廃棄プリント処理方法の再考			→												
・事務用品置き場の物の整理		→											定量管理の導入		
・個人机の中の整理	→			→						→		→			
・学年キャビネットの中の整理				→	使用ルールの明確化										

このように学校の快適性と効率性を高められるような体制をつくることが、本当の意味での働き方改革になるのではないでしょうか。

10

衛生推進者になって
快適な職場をつくる

先生の健康を第一に考える

　学校で働くと「子どものため」というフレーズはよく聞くのに、「先生のため」はあまり聞かないのはなぜなのでしょう。

　本来学校は、２つのバランスを取りながら運営されるべきです。しかし、現実ではどうしても「子どものため」ばかり優先して、「先生のため」が後回しになってしまいます。その結果、傾いた天秤が元に戻らなくなり、長時間労働が深刻化していると感じます。

　教員は聖職者でもなんでもなく一労働者なので、労働基準法と労働安全衛生法に守られています。が、人間は目の前のことに集中しすぎるとそれすらも忘れてしまうので、「働き過ぎはあきまへんで～」と声をかける人がいてくれたらありがたいですよね。

　それが衛生推進者です。**衛生推進者とは、簡単に言うと働きやすい職場をつくる人のことです。**健康障害や労働災害を防止するために教職員へ衛生教育を行ったり安全点検をしたりするのが主な仕事です。文部科学省は、職員の中から１人選任することを推奨しています。

　では、具体的に何をしたらいいのでしょうか。

衛生推進者の立場から働き方改革を推進する

これまでの衛生推進者の役割は「業務負担の解消のために仕事の見直しをする」とか「パワハラやセクハラを防止するために、校長と相談して解決に努める」などがありました。

最近は、学校でも働き方改革の波を受けて、衛生推進者の立場から働き方改革を推進することができるようになりました。 例えば、「ストレスチェックの結果をもとに、働き方について話し合う機会を設ける」とか「時短術を広める会を設定し、早く帰るノウハウを伝える」など、時間外勤務が減るような取り組みを中心に進めていくとよいのではないでしょうか。また、衛生推進者になるには資格が必要です。8,000円ほどの受講料がかかりますが1日で取得できます。

[組織図]

言うまでもなく、よりよい教育を行っていくためにはまず先生自身が健康でなければなりません。衛生推進者の存在価値を高めて、天秤のバランスを整えていきましょう。

第2章　5Sで変わるあなたの働き方！　55

■ Column ■
学校にローアンの風を

労働安全衛生という言葉を知っていますか？
働く人の安全や健康を第一に考えるという概念です。

工事現場で作業員のヘルメットに、安全第一と書いてあるのをよく見ますよね。あれです。「安全を一番に考えて事故のない現場にしよう」という意識をスローガンで表しているんですね。
学校は今、その意識が薄れている状態ではないでしょうか。

怪我人が多く出ているにも関わらず毎年組体操が行われたり、休憩が取れずに身体を壊すまで働いたりするのは、学校の労働安全衛生に対するリテラシーが低いからだと思います。

リテラシーが高い職場では、危険なことは予測して中止することができるようになります。先生たちが健康を害さないように、前もって対策が取れるようになります。自分たちがやりすぎてしまうことに、自分たちでブレーキをかけられるようになるのです。

そんな職場はローアン活動でつくることができます。

ローアン活動とは、労働安全衛生に対するリテラシーを高める働きかけのことです。何も難しいことはありません。隣の席の先生に「最近疲れてないですか？　大丈夫ですか？」と声をかけるとか、そんな小さなことでもいいんです。

ローアン活動によって人に優しい学校になったら素敵ですよね。

第3章

学校のいろんな場所を片づけよう！

散らかりにくい
学校準備室

多いアイテムはざっくりとまとめる

　学校準備室は、作文用紙や画用紙、予備のノート、教科書、アンケートなど学校教育に関わるモノが一旦補完される部屋です。さらに行事ごとの備品や、決まった年月保管しておく文書まで何でもあります。こうした部屋はモノの入れ替わりが激しく、また、定位置も決めづらいので非常に散らかりやすい場所だと言えます。

　そこでゾーニングの理論を使って、方眼紙やボール紙といった教科等で使用するモノを入り口付近に配置しました。これで欲しいときに奥まで入らずにサッと取れます。短い休み時間の有効利用にもつながるので、運動場で待っている子どもたちと鬼ごっこもできますね。
　教材採択のために送られてくる教材見本や各種アンケートなどは、一次的に置いておけるように、入り口付近に仮置きスペースをつくりました。すのこを引いておくとモノが床に広がりにくくなります。
　最後に行事ごとの備品ですが、細々しているのでグルーピングで管理します。その際、ダンボールを使うのは卒業して、コンテナを使うようにしましょう。コンテナは頑丈で持ち運びがしやすく、使わないときは小さくたたんでおけます。便利なのでオススメです！

[すっきりさせた学校準備室]

床にモノを置かないように管理

すのこは湿気対策にも

コンテナを使ったグルーピング

行事の備品はざっくり管理

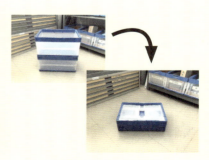

たたんでコンパクトに

スムーズに活動に移れる音楽室

音楽設備は直感的に使えるように

　春休みに音楽主任の先生と音楽室を片づけてみました。**使いやすい音楽室のポイントは、様々な音楽活動がいかにスムーズにできるかです。**

　そこで、音楽室で使っていない大きいラックやビデオデッキなどを捨てて、子どもの活動スペースを確保しました。これにより子どもたちが集まって相談したり合奏の練習をしたりすることが、ストレスなくできるようになりました。

　遠くにあったピアノとパソコンの距離を、できるだけ近づけて配置しました。授業で使用する器具を１箇所に集めることで、すぐに次の活動に移れます。これで授業の度にマイケルジャクソンのスリラーのダンスのように、音楽室内を右往左往する先生も少なくなるかと思います。

　パソコンのアイコンは大きく表示することで直感的に音楽が流せますし、DVDプレーヤーはシールを貼ることで上から見下ろした状態でも操作できます。「見にくさ」の解消もスムーズな活動につながるのです。

[直感的に使えるようにした音楽室]

活動がスムーズにできる整頓された音楽室

３０秒で発表の形態に

ピアノの椅子から PC の操作が可能

上からでも操作しやすいデッキ

アイコンが大きいと見やすい

欲しいモノがすぐに見つかる理科室

写真とラベリングで見つけやすく

　理科室は、実験や観察を行う教室です。様々な実験器具や材料など、理科に関するアイテムが数多く収納されています。それでいて数週間に1回程度しか利用しないため、先生たちもモノの配置が覚えづらい場所でもあります。

　そこで、モノを収納する際は、基本的に全てラベリングをするようにします。例えば、ビーカーをしまうトレーには、mlの種類ごとにテプラで作った文字シールを貼って管理します。住所が決まったのでビーカーたちも喜んでいます。

　中身が見えない棚は、文字シールと一緒に写真を貼るようにすると使いやすさがぐんと上がります。理科室に行ったけど探していた備品が見つからなかった、ということもなくなりますよ。

　乾燥棚と乾燥カゴは、必ず手洗い場の横にセットで置くようにします。さらに乾燥棚はキャスター付きのものを選ぶと、ビーカーや試験管をしまう場所に移動させることができます。使い手の姿まで想像すると、「フラスコを持ったまま移動して手洗い場の前で滑り、割れたガラスで怪我をした」というような事故のリスクも減らせます。

[道具が見つけやすくなった理科室]

モノの住所を決める

ビーカー200が住む部屋

中が見えない棚には写真を貼る

るつぼばさみもすぐ見つかる

キャスターで楽々移動

カゴごと運んでも○

第3章　学校のいろんな場所を片づけよう！

工具が扱いやすい図工準備室

「運びやすさ」を重視して

　図工準備室も扱うモノが多く、さらに特殊な工具などもあるため、保管にはまた違った工夫が必要になります。夏休みに図工主任の先生が片づけてくれました。

刃物や重い工具などは鍵のかかる棚にしまいます。
　背の低い子が取っても危なくないように、げんのうなどの重いモノは大人の腰の位置くらいに配置されています。下段にしまってしまうと、取り出すときに腰に負担がかかるので注意が必要です。

入れ物は丈夫なプラスチック製の箱を使うことをオススメします。
　重ねて保管したり、小分けにして子どもに運んでもらったりすることもできます。写真では、カッターやペンチなどがグルーピングで管理されています。

絵の具や紙やすりなどの消耗品はガラス戸の棚に保管します。
　ガラス戸であれば、わざわざ扉を開けなくてもどのくらい残量があるのかがわかります。

中身の見えない棚の扉には、イラストでラベリングがしてあります。
　手描きならではの温かみが感じられます。さすが図工主任！

[使いやすくなった図工準備室]

げんのうなど重いものは中段に

ガラス戸で残量が見える

ケースが頑丈だから運びやすい

手書きのラベリング

入り口に鍵かけ

第3章　学校のいろんな場所を片づけよう！

使いやすく戻しやすい運動場倉庫

よく使うモノほど住所を明確に

　運動場倉庫は、体育の授業で使うモノや運動会関係のモノが数多くあります。外に保管場所がある場合は、砂の侵入が多いので文字シールなどでラベリングをしてもすぐに剥がれてしまいます。

　そこで綺麗な状態を写真に撮っておきます。いろんな学年が使って徐々に散らかってきても、「**あの写真のとおりにしたいから直すの手伝って**」と子どもに言えば10分くらいで元どおりになります。

　ボールは種類が多いため、**ボールかごにラベリングをします。これも文字ではなく写真を貼っておくようにしましょう。**理由は、「4号ボール赤」とか「サッカーボール（ゴム）」と書いてあるより、写真のほうが誰でも一目でわかるからです。1年生や外国籍の子の中には「赤」や「サッカーボール」が読めない子もいます。体育なのに、言葉がハードルになる場合もあるのです。

　レイアウトですが、使用頻度が高いモノは手前、低いモノは奥に配置します。コーンやメジャーは使い勝手のいい入り口付近、運動会関係のモノは奥のほうにしまっておくと再び散らかることを防げます。

[モノが戻しやすくなった運動場倉庫]

写真があれば子どもでも戻しやすい

写真はA3サイズでカラー印刷

養生テープで簡易ラベリング

ボールも写真でラベリング

運動会グッズは奥に

第3章　学校のいろんな場所を片づけよう！　67

整頓しやすい
体育館倉庫

事故は先回りして防ぐ

　体育館倉庫は、主に体育の授業で使うモノがあります。よくあるのが、倉庫の中にパンパンに収納した結果、奥のモノが取り出しづらくなるという例です。「運動の邪魔になるモノは倉庫にしまう」という発想はいいのですが、全部詰め込むと倉庫内の動線を塞いでしまい、今度はモノが取り出しにくくなってしまいます。

　そこで、**ボール整理棚などのキャスターがついたものは基本的には外に置いておくようにします。** 運動するときに邪魔なら倉庫の中に入れるようにすれば、安全面も保たれたまま、倉庫内のモノの管理もしやすくなります。この方法は体育主任の先生に教えてもらいました。

　昔、児童が足の指を骨折する事故がありました。しまわれずに放置された1枚のビブスを取った際に、同じく放置された鉄の支柱が落ちてきたのです。おそらく、しまう場所がわからない人が、ちょうど目の前にあった「何も置かれていない棚」に無意識に置いたのだと思います。
　こうした事故を防ぐために、「何も置かれていない棚」には意識的にモノを置いて予防線を張ることが大切です。

[スッキリした体育館倉庫]

「何も置かれていない棚」がないようにモノを置く

キャスターがついたものは外に

リンクを作る

欠番もわかる表

整頓された写真で誰でも戻せる

第3章 学校のいろんな場所を片づけよう！

使う人に配慮した石灰庫

「重い・舞い散る・汚れる」粉の扱い方を押さえる

　石灰庫にはラインカーや石灰、石灰を溜めるパウダーボックスなどがしまわれています。狭いですが配置にこだわってみました。

　ポイント１は「重力を使う」です。
　補充の際よくやりがちなのが床に平積みされた石灰袋を持ち上げて逆さにし、力任せに補充をするという方法です。一袋約20kgありますから、これだと腰を痛めてしまいます。
　そこで、石灰袋をあえて上段の棚に置くようにします。補充の際は重力にしたがって、棚板から袋を下ろすだけでパウダーボックスに置けます。そのままテープを引けば、重力の力でスルスルと粉が落ちてきます。納品されたときに、あらかじめ上に置いてもらうようにすると腰が楽ですよ。業者さんの腰は、その限りではありませんが。
　ポイント２は「床にはキャスター付きのモノだけを置く」です。
　石灰の補充は粉が散りやすく、すぐに床が石灰まみれになります。そんなとき床に石灰袋が平積みで保管してあると、掃除をしようにもできません。パウダーボックスやラインカーなど、キャスター付きのモノだけにしていれば、移動させながら掃除をすることができます。

[苦労しなくなった石灰庫]

汚れてもすぐに掃除できる配置

①あえて上段に平積みする

②パウダーボックスに載せる

③重力を使って落とす

④ラインカーに入れる

清潔で整った放送室

不要なコード類は移動させる

　放送室には機材やマイク、CDなどがあります。学校の放送室の悩みとして、「昔の機材やコードなどが多く、どれが使えるのかわからない」といったことはないでしょうか。**捨てるのが難しい場合、移動させるだけでもいいんですよ。**なくなるわけではないので、片づけによるトラブルや精神的負担を少なくすることができます。

　整理するときには、「この2年で使ったかどうか」の基準に照らして分けます。使ったモノだけ放送室にとっておいて、そのほかは箱に入れて放送室以外の場所に移動させます。
　そのときのポイントは、箱に捨てる期限を書くことです。「H31に使用しなかったら廃棄」とか「令和元年の学芸会で使わなかったら廃棄」などと書いておくと、見つけた人が捨てられます。
　モノの配置ですが、延長コードや拡声器、ビデオスタンドなど、よく使われるものは扉のない収納ラックに置いて、ワンアクションで取れるようにしましょう。
　モノを減らすことでスペースが生まれ、長机と椅子が置けました。清潔な空間で給食を食べながら、楽しい放送ができています。

［ ワンアクションでモノが取れる放送室 ］

給食も食べられます

選別作業

いるモノ

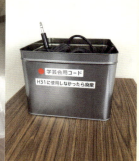

いらないモノ

ワンアクションで取れる収納ラック

指示があると迷わない

第3章　学校のいろんな場所を片づけよう！

いつでも休める更衣室

ルールはポップで可視化する

　更衣室は先生たちが着替えたり休憩したりする部屋です。使い方のルールが曖昧なので私物が持ち込まれやすく、最も片づけづらい場所でもあります。

　そこで「私物は出しっぱなしにせず、必ずロッカーの中に入れる」というルールを、もう一度みんなで確認します。ついついモノが置かれがちなロッカーの上にはアクリル製のポップを置いておくとルールが可視化されて親切だと思います。

　誰のかわからない私物って、押入れのようなデットスペースに溜まりがちなんですよね。夏休みを使って整理してみましょう。

　もう異動してしまった先生のモノと思われる私物は、持ち主がわかれば必ず本人に確認を取ります。わからなければ廊下の長机にまとめて置いておきます。その際に「8月30日以降に残っているものは廃棄します」と保管期限を書いた紙を貼り、先生方に一度見に来てくださるようにアナウンスします。夏休み期間中は置いておいて、31日になったら捨てます。期限があれば、捨てるのも簡単です。

[気持ちよく使えるようになった更衣室]

掃除や換気をして清潔を保つ

ポップを置いて私物を置かないようにする

押入れは…片づけてロッカーで塞いでおきました

第3章　学校のいろんな場所を片づけよう！

災害時に確実に機能する防災倉庫

余裕教室を使った防災倉庫は要注意！

　防災倉庫は、災害時に使う救援物資が備蓄されている倉庫です。校舎の裏手にある倉庫タイプと、余裕教室を倉庫代わりにしている教室タイプの2種類があります。**設置しているのは行政ですが、きちんと整備されているか一度確認したほうがいいと感じました。**

　というのも、以前僕が働いていた学校で、余裕教室に防災用品が半分しかないことがありました。残りの半分はというと、なんと図書準備室にあったのです。物資が届いたときに教室に入り切らなかったので、とりあえず図書準備室に運んでそのままになっていたとのこと。

　ですが、これはどの学校でも起こり得ます。なぜなら余裕教室には防災用品のほかに、机や椅子などの学校備品なども大量に保管されている場合が多いからです。100％までモノを詰め込んでしまうと、後から物資が来たときに入り切らないという事態を招いてしまうのです。心も空間も少しゆとりがあるほうがいいんですね。

　ちなみに物資ですが、どうしても移動させたくて夏休み中片づけをして無事配備できました。先生たちに「どうして片づけをしてるの？」と聞かれ、「ちゃんと機能する防災倉庫がつくりたいんです！」と鼻息荒く答えたら、みんな不思議そうな顔をしていました。

[ちゃんと機能させている防災倉庫]

僕の勤務校には防災倉庫が2つありました

中には綺麗に物資が入っていました

余裕教室にはゆとりがありました

■ Column ■
環境整備にオススメのグッズ

1　ネームランド

　あらゆる文字シールをあっと言う間に作成できます。フォントは美しいです。手軽なのでついついダンボールに手書きをして保管しがちですが、多くの人の目に触れるので、棚の表示などはできるだけデザインされたフォントを使うようにしましょう。

2　角丸くん

　切った紙の角をワンタッチで丸くしてくれる優れものです。ラミネートされたものなども対応しているので、子どもの名前プレートや案内表示などの角を丸くしておくと扱う人にも優しいと思います。また、余った色画用紙の四隅を丸くすればメッセージカードに早変わり！

3　黒テープ

　ホワイトボード用の黒テープです。パキッとした直線が手軽に引けるので、枠を作りたいときに重宝します。スチール製の棚と相性がいいので、仕切り線を作るのに使ってもいいですよ。放送室の収納ラックの線（p.73左下の写真を参照）もこれで作っています。

第4章

職員室を片づけると行動が変わる！

モノを減らして スッキリ働こう！

職員室に毎日1つずつモノが減る環境をつくる

それではいよいよ職員室を片づけてみることにしましょう。

職員室にある「責任の所在がわからないモノ」は、どんなにいらなさそうなものでも絶対に勝手に捨ててはいけません。「捨てますよ」というお知らせに、全職員が同意してはじめて捨てられます。

そこで職員室の出入り口付近に不用品置き場をつくり、全員でいるかいらないかの判断ができる以下のようなシステムをつくります。

① 不用品置き場に、モノを置く
② 保管期限を書いた廃棄札を貼る
③ 3日間経って、誰からも声がかからなければ廃棄・移動させる

廃棄、もしくは移動させたものは全て重さを記録して月ごとに集計して掲示します。職員室から減ったモノの重さを数字で可視化すると、数字が増えるごとに働きやすくなっていくのに気づくはずです。

不用品置き場には、誰でもモノが置けます。「ちょっと待った〜！」と言えば、捨てられるモノを助け出すこともできます。実際、「捨てるなら教室で使わせて」と言ってくださった先生もみえました。

[不用品置き場]

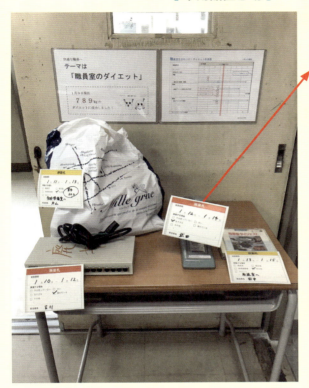

廃棄札と移動札

置き場は出入り口に

いらなさそうなモノを不用品置き場に置く際は、必ず廃棄札か移動札を貼ります。
職員室から運び出した量と工程表を掲示して、計画を全体に知らせています。

[不用になったモノを廃棄するシステム]

①置く

②貼る

③期限が来たら廃棄

第4章 職員室を片づけると行動が変わる！

2

思い切った模様替えで「ねじれ」をほどく！

欲しいモノは一度にピックアップできるように

　職員室をよく見渡してみると、人が歩くときの動線やモノの配置が複雑で無秩序なことに気づきます。そんなときはグルーピングとゾーニングの考え方を使って、ねじれを解くことができます。

　まずはじめに、画用紙や折り紙、コピー用紙は「紙」でグルーピングして1ヶ所にまとめます。紙置き場に行くだけでいろんな種類の紙が一度にピックアップできると効率的ですよね。

　次に、ホチキスやハサミ、ペンなどは「文房具」でグルーピングします。事務室の近くに文具置き場を設置すると、事務職員の方も少ない歩数で楽に補充ができます。

　最後に、ラミネーターや拡大器、大型の穴空けパンチなどは「作業器具」でグルーピングします。特に使用頻度が高いラミネーターは、常設してあるととても便利なのでオススメです。

　こうしてモノをグルーピングでまとめると、作業動線がすっきりして効率と快適性が上がります。さらに、子どもが取りに来る鍵や折り紙、補充用のトイレットペーパーなどを入り口付近に固めると、先生の動線とこんがらからず、今よりもっと働きやすい環境になります。

[作業動線をスッキリさせる]

紙置き場はコピー機の近くに

「文房具」や「作業器具」でまとめる

子どもの動きは出入り口で完結させる

第4章　職員室を片づけると行動が変わる！

紙の流れを意識すれば もう散らからない！

紙はどこから来てどこへ行くのか

　学校は紙文化なので、毎日たくさんの紙が印刷されます。文書を刷りたいだけ刷って廃棄することを考えないと、すぐに紙まみれの職員室になってしまいます。

　まずミスプリント。これは刷った瞬間に必要がなくなるのでコピー機の近くにリサイクル箱を置きます。授業で使用済みのプリントなども捨てることがあると思いますが、箱は職員室に１つだけにします。箱が増えると回収が手間になり紙が溜まりやすくなるからです。

　学校公表簿などの保管期間が決まっているものはファイリングシステムで管理します。

　書類が発生したらファイルに綴じます。２段組のキャビネットの上段には今年度、下段には前年度のファイルを入れます。

　今年度のファイルは１年経ったら下段に移動させます。さらに１年経ったら箱に詰めて文書保管庫に持っていきます。箱の前面に捨てる期限を書き、保管期間中は取っておきます。保管期間が過ぎたら速やかに廃棄します。このサイクルがファイリングシステムです。

　ちなみに文書の保管年数は、１年、３年、５年、30年があります。各自治体で微妙に違うので調べてみてください。

[紙の流れと動線を合わせる]

リサイクル箱はコピー機の近くに

公文書は発生から廃棄までの流れを意識して動かします

第4章 職員室を片づけると行動が変わる！

鍵置き場にも
UDを取り入れる！

毎日使うものだから一目で見つけやすく

　まず鍵を使うのは誰か考えてみると、1年生から6年生の児童、先生、PTAの方と様々です。身長にして100cmから180cm台までいるわけです。UD（ユニバーサルデザイン）の視点を取り入れた、誰もが使いやすい鍵かけを1から作っていきます。

　まず掲示板の裏を再利用した鍵かけの土台にキーフックを付けます。次に、「特別教室」や「学年」で棲み分けを決めます。最後に一番上がPTA、その下が特別教室、中段に各教室、下段に絵本室と図書室等という具合に細かく設定していきます。絵本室などは背の低い1年生に合わせて下段に持ってきました。

　鍵につける板は色と大きさを揃えます。文字シールを作る際は、アイキャッチを入れると差別化されてわかりやすくなります。また、中学年でも読めるようにふりがなを振っておくことも意外と大事です。

　鍵が掛かっているときは、鍵についた板で「教材資料室の鍵だ」と認識できます。鍵を取るとボードに貼られた文字が現れ「教材資料室の鍵をかける場所だ」とわかります。鍵を借りたら自分のクラスの青いクラス札を掛けるようにすれば、鍵の行方がわからなくなりません。

[誰もが使いやすい鍵置き場]

Before

After

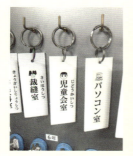 

ふりがなとアイキャッチ

鍵を取ると表示が現れる　　　　　クラス札

第4章　職員室を片づけると行動が変わる！　87

作業動線を考えると印刷がラクになる！

水が流れるように作業を行えるようにする

　第１章でも触れた「学年のテストを刷る作業」を分解してみると、

印刷する　→　整えてクラスごとに並べる　→　クリップで留める

となります。**このことから印刷機の周りには、紙をまとめる作業台とクリップを保管する文具棚が必要だということになります。**これらを同一直線上に置けば、スムーズに印刷が行えるレイアウトが完成します。もしも印刷室が狭くて作業台を置くスペースがない場合は、細い長机を作業台にしてもいいですよ。ちなみに、右写真の作業台は、視聴覚室で使われずに眠っていたものを流用しました。

　床には赤いテープで基準線を作りました。これは、駐車場に引かれた白い線と同じで、「テープで囲われた中にコピー機が入っていますよ」と知らせる効果があります。**基準線があるとはみ出したことがすぐにわかるので、出しっぱなしの手差しトレーに足をぶつけてしまうといった事故がなくなります。**

　使ったらトレーを元に戻すという行動も、環境整備でつくることができるんですね。

[印刷が楽にスムーズになった]

出しっぱなしの手差しトレーに気づける

印刷が一連の流れでできる配置

紙がまとめやすい広い作業台

第4章　職員室を片づけると行動が変わる！

6

使いやすい紙置き場のヒミツは「重さ」

全ては補充しやすさのために

　印刷室などでコピー用紙の扱いに悩んでいる学校は多いと聞きます。管理の手間が少ないレイアウトを考えてみます。

　コピー用紙は、ダンボールに入った状態で届きます。A4だと1箱2500枚入りで、500枚ずつ包まれた束が5つ入っています。これをどう配置するかがミソなのです。

　棚の使い方は、「重さ」を考慮して置く紙の種類を決めます。

　最上段は、軽い書き取り用紙や作文用紙、四つ切り画用紙などを置きます。

　2段目は、少し重い500枚綴りのコピー用紙を置きます。小さい包みなので、補充がしやすく、使うときも包み紙を開けてそのまま使うことができます。

　3段目にはダンボールに入ったストック用のコピー用紙を置きます。一番重いダンボールを最下段に置くと補充をするときに腰に負担がかかるので、この位置です。

　最下段は、裏紙の再利用をする紙や画用紙の切れ端を置きます。軽いからといって最上段に置くと、引き抜いたときに切れ端が散ったり、再利用の紙と新しい紙が混ざったりしてトラブルの元になります。

[手間のかからなくなった紙置き場]

紙の重さを配慮した配置

1・2段目

3・4段目

シンプルなラベリングで使いやすく

第4章 職員室を片づけると行動が変わる！

文具はいつでも
取りやすく戻しやすく！

文具をシェアするという発想

　なるべく新しいモノを買い足さず、今あるものを利用して文具棚を作ってみます。棚は英語学習室から流用したものを使いました。

ポイント①　ラベリング

　引き出しには、1つずつラベリングをしましょう。丸シールは種類が多いので直接貼ってみました。言葉で書くより簡単です。

ポイント②　使用頻度

　棚を2段重ねて設置し、使用頻度が高いはさみやクリップ、付箋などを腰より上の棚に収納します。立ったままモノが探せるので、取り出しやすくしまいやすいです。

　下の棚にはガムテープや養生テープなどを収納します。引き出しを一段飛ばしの歯抜けにすると、ズボラな僕でも隙間に投げ入れるだけでしまうことができて大変便利です。

ポイント③　共有文具

　「2cmだけセロテープが欲しい」「封筒を少しだけ糊付けしたい」と思ったときにちょっとだけ使えるように、職員室の真ん中に共有文具を置きます。この共有文具を作ってから、自分の席で糊などを使うことがなくなりました。シェアの文化、広まってほしいです。

[シェアで使いやすい文具コーナー]

1つずつラベリング

シールは実物を貼る

立ったまま探せる棚

一段飛ばしの歯抜け棚

欲しいときにちょっとだけ使える共有文具

8

充電ステーションで
充電忘れを防ぐ！

必ず見る場所に「挿すだけ」をつくる

　近年、タブレットPCが普及しその活用が叫ばれています。ですが、その充電方法について叫んでいる人はいないので考えてみます。

　言うまでもなくタブレットは充電しないと使えません。忙しいとタブレットの充電を忘れてしまいますよね。授業を始めた瞬間電池切れ、なんてことになると児童のやる気が地の底に落ちるのでなんとか避けたい問題です。

　そこで充電ステーションを作ります。

　方法は視聴覚棚の側に机を置き、充電コードを数本出しておくだけです。「挿すだけ」の状態をつくってはじめて忘れずに充電されるようになります。ほかの充電池やビデオカメラなども同じように、充電のし忘れを防ぐことができるようになりました。ちなみに、右写真の机は家庭科室の隅にあったモノを流用しました。

　充電ステーションの場所も重要で、ただコンセントがあるという理由だけで空いているスペースに作ると誰も使いません。視聴覚棚にしまうときに、目に飛び込んでくる場所であることが重要なのです。

　高めの机を使うと作業姿勢が楽になります。児童机を使うと、充電するたびに腰を屈めるのが嫌になってしまうので注意です。

［「しなきゃ！」と思わせる充電ステーション］

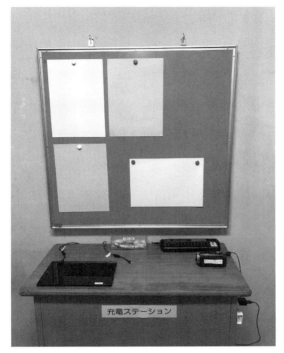

充電ステーションと掲示板　　　　視聴覚棚の側に

充電したいときにすぐに挿せるようにしておくと楽です

第4章　職員室を片づけると行動が変わる！

光・空気・配線に
気を配れば快適に

環境が改善されたかチェックして振り返る

　職員室を片づけ始めてから、ずいぶん快適性が上がったと思います。どれだけ快適になっているかここで一度、安全衛生点検をしてみます。
　安全衛生点検とは、職場自体の健康診断のようなものです。労働安全衛生法に定められた基準をクリアしているかチェックします。
　例えば、光であれば職員室内の照度が300ルクス以上あるかを照度計を使って調べます。ほとんどの学校でクリアできるはずですが、窓際に背の高い棚が置かれていて、さらにその上にモノがあり、蛍光灯も切れている…なんて職場だと引っかかります。
　ほかにも換気がきちんと行われているかを調べます。教室では休み時間に換気をするのがスタンダードかと思いますが、職員室はどうでしょう。冬なんて特に、一生懸命仕事をしている先生がいる中、「換気しましょう！」なんて中々言えなくないですか。それでも「すみません！　空気入れ替えます！　すみません！」と言って換気をするのです。
　最後に、配線は歩いて引っ掛けないように配線カバーがされているかを調べます。埃が積もったタコ足配線は見つけ次第、ちょっとびっくりした後きれいに拭いてあげます。こんな風にチェックリストを使って1つひとつ確認します。

学校職場用安全衛生チェックリスト

○ねらい　健康で安全に働くために、快適で効率よい環境を協力して整備する。
○方法　　毎学期末に学年・係で整備し、一週間後に教頭・養護で点検をし、改善を図る。

Ⅰ　職員室・教材室

チェックポイント	/	/	/	/	改善すべきこと・経過
①　学年・係の棚や本棚・備品の整理整頓がなされている。（不要物の処分含む）					
②　ロッカー・棚が適切に固定されている。（地震対策）					
③　身長より高い棚の上に、できるだけ物を置かない。（落下の危険、落下防止柵）					
④　電気配線・コンセントが安全に管理されている。（プラグ周辺の埃は火災の誘因）					
⑤　適切な照度が確保されている。（机上面300ルクス以上、まぶしさ・反射対策）					
⑥　通路（床）・扉付近に物がなく安全に歩行できる。					
⑦　窓の前に物を置かない。（落下事故防止、地震時のガラス飛散防止）					
⑧　室内の温度・湿度・換気が適切である。（気温10〜28℃、湿度30〜80%、CO_2）					
⑨　室内は清潔で、ゴミや資源、古紙の分別が適切にされている。					
⑩　防災・防犯用具、消火器がいつでも使える状態になっている。					

Ⅱ　休憩室・更衣室・その他（相談室）

チェックポイント	/	/	/	/	改善すべきこと・経過
①ロッカー・棚は適切に固定されている。					
②ロッカー以外に私物が置かれていない。					
③くつろげるスペースがある。					
④敷地内禁煙が徹底されている。					
⑤ストレス・長時間労働対策が講じられている。					

10

KPTボードで
課題を共有する！

改善点には何かしらのアクションを

　KPTボードとはKEEP、PROBLEM、TRYの頭文字をとったもので、
学校業務の精選をするためのツールです。

　もっと働きやすくするために改善できそうなことがないか、職員の
みなさんから広く意見を募集しました。

① 　改善点を思いついた人は、付箋に書いてPROBLEMの欄に貼る
② 　貼られた課題をどうするか、管理職や担当の先生と相談する
③ 　KEEPするのか具体的にTRYするのかを判断し、付箋を動かす

　鉄は熱いうちに打てと言いますが、改善点も思いついたときに解決
するのが一番いいと思います。ですから**課題は貼られたら、なるべく
早く話題にします。その早さが「自分も学校づくりに参加できるんだ」
という空気をつくります。**そして講師の先生や特別支援の先生、用務
員さんや給食調理員の方みんなの意見が可視化されることで、学校全
体の課題を自分ごととして捉えるきっかけになります。

　KPTボードを運営していくと、どうしても難題が出てきます。そん
なときは、コーヒーでほっと一息ついて、気長に頑張りましょう。

[KPTボードでみんなで改善]

改善点を貼る

活用例

時間がかかるもの

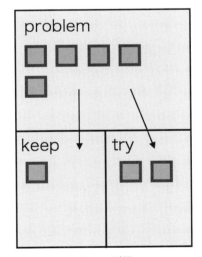

イメージ図

すぐ解決できるもの

第4章 職員室を片づけると行動が変わる！

■ Column ■
その他の改善点

- ・モノがなくなり換気がしやすくなった
- ・コード類を結束バンドでまとめた
- ・床のシミを除光液で落とした
- ・窓の汚れを拭いた
- ・棚のシールをシール剥がしで取った
- ・部屋の隅々まで掃除機をかけ、埃を取り除いた
- ・吸い込みが悪くなった掃除機を新品の掃除機に変えた
- ・古紙入れの横にビニールテープとハサミを置いた
- ・ラミネーターの近くにラミネートシートを置いた
- ・簡易断裁機をディスクカッターにした
- ・断裁機を使いやすい高さに合わせ、メンテナンスをした
- ・コピー機を部屋の中央に設置した
- ・ゴミ箱のフタをなくした
- ・ゴミ箱を部屋の中心に配置した
- ・湿度計を置いた
- ・作業台の前に椅子を置き、座りながら作業できるようになった
- ・ストーブ周りの通路が広くなった
- ・決済板がA4サイズ1種類になった
- ・ガラス飛散防止シートが貼られた
- ・防犯用品の点検、設置をした
- ・照度がどの場所も500ルクス以上になった
- ・重要書類を鍵のかかる棚に入れた
- ・会議でロッカーの中に置くモノの基準をつくった　など

第5章

モノを捨てたら
仕事も減らせた！

改善事例①
モノがなくなることで管理する手間が減った

毎年、約1.5tのモノを断捨離

様々な不用品

学校はモノで溢れています

　勤務校では、不用品置き場に必要がなくなったモノを溜めていき、年に1回トラックで一気に持って行ってもらっています。

　学校全体の片づけを行ったはじめの年は、職員室からは789kgのモノを移動もしくは廃棄しました。準備室に眠っていたブラウン管のテレビや音楽室の壊れたアコーディオンなど、ほかの場所の不用品も含めると学校全体で約1.5tの不用品を排出できました。

　次の年も日常的に学校の片づけを続け、中庭の壊れたウッドデッキや体育倉庫の古くなった大量のボールなど約1.7tを排出することができました。身軽になるとスッキリします。

モノが減ることにはこんなメリットがある

1　モノを管理する手間が減る

　花を買ったら水やりの手間が発生するように、モノがあるだけで管理をする手間が発生します。例えば、「すぐにホコリだらけになる使っていない棚を掃除する手間」とか「毎年の備品点検で、備品がどこにあるのか校内中探し回る手間」などです。モノを捨てれば、それらの仕事も一緒になくなります。

2　モノを探す時間が減る

　これまで働いてきた学校では、行事で使う物を探している先生をよく見かけました。思い切って管理できるだけのモノの数に絞ることで、探し物による時間の浪費を抑えることができます。また、「飾りが見つからないのでイチから作る」とか「発注した後に在庫が大量に見つかった」といったような余計な仕事も減らすことができます。

断捨離には先生方の協力が不可欠！

　学校の片づけは部屋の片づけと違い、先生方の協力なしには成し遂げられません。通常授業があるときは、用務員さんや学校事務職員さんなどに趣旨を説明して手伝っていただきましょう。

　また一緒に片づけをする際は、是非、普段なかなかできないような会話をしてみてください。休日の過ごし方や家族の話など、同僚の知らない一面が見えて、より親近感が湧くかもしれません。

　その話の中で、学校のことについても話せるといいですね。「あのことについてどう思う？」言いにくかったことも本音で話せば、よりいい方向へ進んでいくんじゃないのかな。

改善事例②
曖昧なルールを思い切ってなくした

勤務時間外の活動をやめる勇気

　平成も終わりの1月。文部科学省から「公立学校の教師の勤務時間の上限に関するガイドライン」が出されました。はじめて、教員の時間外勤務時間の目安を1ヶ月45時間以内とする旨が発表され、様々なことが見直され始めています。その1つに曖昧なルールがあります。

　僕の学校のそれは週番のあいさつ運動でした。週番の先生は朝に校門に立って、登校する子どもに「おはようございまーす」と、挨拶をします。子どもが自然に挨拶ができるきっかけになるのでいい活動だと思います。

では、何が問題かというと活動が勤務時間内ではないことです。

　先生の勤務開始は8時15分からですが、子どもが登校するのは8時からです。あいさつ運動は、勤務開始時刻の15分前に設定されていました。

　これが週番として先生全員に割り振られているのであれば、あいさつ運動の始まりは、勤務が開始してからが望ましいです。

　つまり、「教育的にいい活動は、勤務時間の中に収める必要がある」ということです。

この問題を解決するためには、2つの選択肢しかない

1　児童の登校を15分遅らせる
2　この取り組みをなくす

　子どもの登校を遅らせることは各家庭と連絡を取り合って慎重に行わなければいけません。15分遅れて登校するだけで日課表やカリキュラムをいじらなければいけなくなるので、子どもの生活リズムが乱れる可能性があります。たった15分遅らせるのも非常に難しいのです。

　では、この活動をやめようとするとどうなるでしょう。きっと「子どものためなのに」とか「今までやってきたのに」といった声が上がるのではないでしょうか。やめることにどうしてもブレーキがかかってしまいます。
　それは、学校ですることは全て子どもにとって教育的意義があるからではないでしょうか。曖昧なルールだからこそ、見直して整えていかなければと感じます。
　ほかの先生方にも聞いてみました。

　「週番のあいさつ運動って勤務時間外に設定されていますよね。なくすことはできないのでしょうか」

　「僕もそう思ってたんだよ、来年からなくしてみる？」

　曖昧なルールは曖昧なだけに、スッとなくせることもあるんですね。

改善事例③
部活動顧問が選択制になった

これまでの「当たり前」を見直す

　前にも述べた通り、小学校の部活動は学習指導要領に載っていない活動のため強制力はありません。しかし現実は、初任の先生も部活動をもっており、教科の準備や学級経営のための勉強が後回しになってしまいます。

　何もかもが奇跡のようにうまくまわることはないと思いますが、誰もが気持ちよく働けるように、部活動についてお互いの意見を聞き合うことも必要だと思います。

　そこで小学校部活動の今後について当時の管理職や部活動顧問全員と話し合う機会を設けました。テーマは「持続可能な小学校部活動」です。

　話題はやはり顧問をどのように確保していくかに集中しました。僕の勤務校では、小さいお子さんがいる先生や、妊婦さん、講師の先生も多く、いくら児童のためとはいえ、そうした先生に毎年顧問をやっていただくことは難しくなることが予想されました。

　つまり、今の部活は「顧問確保の保証はないが部活は存在する」という不安定な状態であることが浮き彫りになったのです。

この問題を解決するためには、3つの選択肢しかない

1　外部顧問や外部指導者の方に協力していただく
2　活動時間を短くする
3　全廃する

　校長を中心に、教育大学生やクラブチームの方などに声をかけて交渉します。その結果、バスケ部には外部顧問の方がついてくださいました。さらにバレー部やサッカー部、吹奏楽部には地域のクラブチームや大学生の経験者といった外部指導者の方がついてくださいました。子どもたちにより専門的な指導を受けさせてあげられるようになったので、大変感謝しています。教員は、その分の時間を授業を考える時間に充てることができるようになりました。

　市が出している部活動縮小プランを踏まえ、**18時ごろまでやっていた活動は16時45分までになり、勤務時間内に収まりました。**短い時間で効率よく練習が行える部活動に変わりつつあります。

　部活動の活動時間を短くして外部顧問や外部指導者の方々に協力していただけたおかげで、大きな変化がありました。それは顧問選択制です。今までは「人がいないから…」という理由で顧問になっていましたが、今年から選択制にすることができました。これによって、最近お子さんが生まれた先生や教員採用試験を受ける予定の講師の方も顧問を持たず、個人の生活のために時間を充てられるようになりました。

　持続可能な部活動のためにみんなで協力して知恵を出し合って、少しずつ変えていくことの大切さを学びました。

第5章　モノを捨てたら仕事も減らせた！

改善事例④
長年続いてきた校内祭りを見直した

どんなにいい活動であってもやりすぎない

　６月の運動会が終わると徐々に暑さが増してきます。そんな７月の初旬に、僕の勤務校では校内祭りが開催されていました。
　校内祭りとは、簡単に言うと町内会の夏祭りのようなもので、各教室で行われるお店を１〜６年生が混ざったグループで回ります。子どもたちもその日を心待ちにしていました。

　お祭り当日は、異学年グループでお店も出します。そのために、打ち合わせ、出し物決め、役割決め、準備、制作、練習などを朝の15分間で少しずつ進めます。
　違う学年との交流を目的としていたので、高学年の子どもに全て任せます。出し物についてグループで話し合い、全ての子に役割を与え、使用する用具を手作りすることになっていました。やっと練習を行えても、本番は45分間しかありません。運動会が終わってすぐの１ヶ月間この準備が続くので、当日までにクタクタになっていました。
　この活動がなんと冬にもう１回あります。

　つまり、単純に「凝りすぎていた」ということです。

この問題を解決するためには、3つの選択肢しかない

1　活動を縮小する
2　別の取り組みに替える
3　祭りをやめる

　これだけ大きな行事ですから、準備に時間がかかるのも当然です。次第に、負担が大きいという声が上がり始めました。管理職や教務主任、委員会担当の先生で話し合い、見直すことにしました。

　本来交流ってしたいからするものですよね。楽しい遊びさえあれば、異学年であっても自然と会話や触れ合いが生まれるんじゃないでしょうか。そう考えれば中身は校内祭りでなくても、グループ対抗のドッジボールでも鬼ごっこでもいいはずです。

　そこで、思い切って校内祭りをやめて、別の取り組みに替えてみることにしました。
　1年と6年、2年と5年、3年と4年という風にペア学年を決めて、月1回程度の遊びをすることになりました。話し合いのために集まる必要がなくなり、いろいろな遊びを通して交流をする機会が増えました。今では、高学年と低学年が一緒に大縄とびを行う「なわとび集会」も開催されています。前より自然に異学年で一緒に遊ぶ姿が見られ、微笑ましく思います。低学年の子どもたちも「また同じ班のお兄ちゃんと遊びたい！」などと口々に叫んでいました。

　もしかしたら交流って、活動が終わった後に自然と生まれるものなのかもしれませんね。

第5章　モノを捨てたら仕事も減らせた！

改善事例⑤
みんなが満足する時短運動会が実現した

行事の準備に時間をかけすぎない

　皆さんは、運動会と聞いてどんなことを思い出しますか。

　僕は短距離走でBGMに米米クラブの浪漫飛行が流れる中、一生懸命に走った記憶が思い起こされました。赤白どちらが勝ったのかや自分の順位などは全く覚えていませんが、いい思い出です。

　そんな僕も大きくなって、憧れの小学校の先生になりました。そしてはじめて、運動会の開催までに膨大な量の仕事や打ち合わせがあることを知るのです。

　運動会の全体計画の提案、競技の指導、ダンスの練習、曲の編集、プログラム作成、運動場のポイント打ち、ライン引き、使用用具の準備・点検・補修、衣装作成、応援団、大玉送りの全体練習などなど……。

　運動会の成功にはどれも大切です。運動会をよりよいものにしようとすればするほど授業後に行う準備が増え、勤務時間内に終えることが難しくなっていきました。

　つまり、「運動会を実施するまでの練習や準備が、通常の業務を圧迫してしまう」ということです。

この問題を解決するためには、選択肢は1つしかない

1　運動会を縮小する

　運動会自体が小さくなれば、当日だけでなくそれにかかる準備の時間も削減されるだろうと考えたからです。また、当時（令和元年）は、全国的な猛暑が問題になっていて、子どもの健康への配慮からも時短運動会の実施が広がり始めていました。

　縮小するにあたって一番大切にしたいのが、子どもや保護者の方の満足度です。時間が短くなったことで運動会がグレードダウンしたのではその意義すらも薄れてしまいます。

　保護者の方の意見として最も多かったのが「**熱中症対策をしてほしい**」でした。ほかにも「**休憩スペースを設けてほしい**」「**演技間の入れ替わりを早くしてほしい**」などの要望があったので、以下の改善をしました。

・熱中症対策のため、退場門でミストを撒く
・休憩を半ばに20分間取り、保護者の方に特別教室を解放する
・応援合戦を2回から1回にする
・競争遊戯とダンスを合わせて種目の数を減らす
・短距離走の入場を2学年合同にして入退場の回数を減らす

　こうして、15時まで行っていた運動会を12時30分までに短縮することができました。運動会終了後には、「一緒にお弁当が食べられなくて寂しい」「熱中症対策が取られていてよかった」「時間は短くなったのに見応えがあった」といった声が聞かれました。

　時間を短くすることで、よりよくなる場合もあるんですね。

第5章　モノを捨てたら仕事も減らせた！　　111

改善事例⑥
勤務時間が意識できる 3つの取り組み

退勤時間のリミットを決めて、守る

モノを捨てるために一番重要なことは何だか知っていますか？

それは、リミットを決めることです。

例えば服なんかの整理をしようとしても、「この服は痩せたら着られる」とか「部屋着にするからいっか」などと捨てない理由を探して、いつまでもタンスの肥やしにしてしまいます。それを防ぐために、リミットを決めるのです。「トップスは10着にする」と決めたらそれを守って10着以上は増やさないようにする。この意識が大切です。

これは、早く帰りたい人にも応用できます。
早く帰りたいなら、「17時半までには必ず帰る！」と自分でリミットを設定します。そして絶対に守る。終わらなかったら悔しさを噛み締めて家まで這って帰る。17時半に間に合うよう、優先順位を考えて仕事を進めるようにします。

「早く帰りたいな〜」と思うだけの人は、「服減らしたいな〜」と思って、服が減ってくれるのを待ち焦がれているのと同じです。

職場全体の時間外勤務を減らす３つの取り組み

1　カエルカード

養護教諭の先生が作ってくれました。**退勤予定時刻を書いて机の上の見えるところに掲げます。**

これは自分に対してのリミットであると同時に、ほかの先生方の退勤時刻を尊重して、仕事を進めやすくする効果があります。誰でも取り組めます。

2　退勤時刻にメロディー

学校事務職員の方に時計を購入していただきました。**職場全体に対するリミットとして、16時45分の退勤時刻にメロディーが鳴るようにしました。**優しい音楽のおかげで、職員全員が自然と退勤時刻を意識できます。アラーム機能付き電子時計を職員室に置くだけの、お手軽意識改革です。

3　留守番電話

何十年も使っていた電話を新しくし、**18時以降は留守番電話に切り替わるようになりました。**保護者の方にも趣旨を伝え、学校側も早めに連絡を済ますように心がけています。留守番電話は、職場の最終リミットの役割も担っているんですね。

最近、ジタハラと呼ばれる言葉が聞かれるようになりました。
「早く帰れ〜」と言うのがハラスメントになる時代なんですって。

これからは「**みんなでカエルカードやろ〜**」って言いましょう。

第5章　モノを捨てたら仕事も減らせた！

7

改善事例⑦

教材・情報・仕事のシェアが始まった

世の中に登場した概念を学校に再現する

よく学校は、「小さな社会だ」と例えられます。

その小さな社会の中だけで情報をぐるぐる回していくと、「学校の中の社会」と「学校の外の社会」が少しずつズレていってしまうのではないでしょうか。

もしそうだとしたら、学校を変えるのは実は簡単かもしれません。世の中で起こってきた変化を再現していけばいいからです。

つまり学校という社会をアップデートするために、今まで世の中に登場した概念を学校にも取り入れるということです。

その1つがシェアです。

例えばカーシェアリング。1家族1台、車を所有する時代から、使いたいときに車を借りてシェアする時代に変わりつつあります。

例えばワークシェアリング。1つの仕事を複数人で分担することによって、1人の人にかかる仕事の量を減らすような働き方が増えています。

ちなみに、僕が学校全体を片づけ始めたのも、断捨離やその関連書籍が世の中に登場していたからです。

「○○×シェア」で見直してみる

　そこで、シェアによって働き方にどのような変化が見られるのかを試してみることにしました。

1　教材×シェア

　学級ごとにバラバラの教材を使うのではなく、**学年で１つの教材を使い回すことを推奨するようにしました。**資料を検索したり作成したりする時間を大幅にカットできるので、働く時間を減らすことが期待できます。

2　情報×シェア

　平成の時代は広告によってつくられてきました。そこで学校でも土間に大型テレビを設置して、デジタルサイネージで視覚的に訴えることにしました。内容は「廊下は歩こう」とか「なわとび大会に向けて練習だ！」でもなんでもいいです。

　SNSでインフルエンサーが宣伝して人気が出るように、６年生のお兄さんやお姉さんが静かに廊下を歩いている動画が流れるだけで、低学年は「かっこいい！　僕もあんな風になりたい！」と思うかもしれないという個人的仮説に基づいたものです。「先生が口で注意」から「子ども同士でお手本を見せる」に変えると、子どももきっと生き生きするはずです。

3　仕事×シェア

　今年の校内研究をワークシェアリングで作ってみました。研究主任が指導案を作り、元情報主任がワークシートを作り、僕が代表授業を行いました。校内研究という負担が見事に分散されて、**時間だけでなく精神的負担がびっくりするほど軽くなりました。**

第５章　モノを捨てたら仕事も減らせた！

改善事例⑧
通知表の仕様が大きく変更された

通知表作成はレイアウトを変えて効率UP

　通知表ってもらうとき、本当にドキドキしますよね。どの子もワーワー言いながら祈るように開いています。

　それだけにこちらもきちんと根拠をもって作成します。授業の単元ごとに観点を絞って細かく記録していきます。できていること、苦手なところなど様々な角度から考えて、総合して評定を出します。通知表作成は手を抜くことはできないのです。

　しかし小学校の通知表を作成する上で一番負担感を感じるのは、実は評定ではなく所見だと言われています。子どもがどんなことを学んで、何を感じたのかを細かく文章にして表します。40人学級の場合、それを40人分行うわけですから負担は容易に想像できると思います。

　この作業をどこの学校の先生もヒーヒー言いながら一生懸命行っているのですが、**実は必ずやらなければならないものではありません。**

　通知表作成の権限は校長にあります。校長次第で書く内容やレイアウトは変更できるのです。

　もしも所見がなくなったら寂しく思う方もいるかもしれませんが、やれることのバランスを見ていくのも大切です。

通知表作成の負担を減らす３つの改善

KPTボードに書かれた通知表の仕様変更のアイデアを元に、管理職が改善に目を向けてくれました。

1　回収をやめ、渡し切りに

僕の勤務校では通知表を子どもに渡したら、学期ごとに回収していました。渡し切りにするために、保護者印の欄をなくすことにしました。

2　印鑑を印刷に

それまでは通知表に校印、担任印、校長印など**3種類の印鑑を1枚1枚丁寧に押していましたが、印刷にしました。**神社のお賽銭が電子マネーだとありがたみが薄く感じるように、印鑑も印刷にすると手を抜いているような感覚に陥りますが、今では汚れや押し忘れなどもなくなったので快適です。

3　所見は３学期のみに

一番の負担だった所見は3学期のみになりました。なくした学期には、ここ数年で新しく入った教科の文章表記を差し替えました。

1学期　**特別の教科道徳についての文章表記**
2学期　**外国語活動についての文章表記**
3学期　**所見**

所見を書く回数が減り、成績シーズンの処理が劇的に早くなりました。管理職による文章校正作業もなくなりました。

意外とアンタッチャブルな通知表ですが、保護者の方などの理解が得られれば、細かな変更ができる可能性は残されています。

改善事例⑨

送る会で行う
先生たちの劇をやめた

感動のために頑張りすぎない

　３月とシクラメン。寒さの残るこの時期に体育館では着々と６年生を送る準備が進みます。小学校での思い出を感じながら、６年生は残りわずかな友達との時を過ごします。

　送る会が始まりました。６年生が１人ずつスポットライトを浴びて登場します。彼らに向けて各学年から歌やダンスのプレゼントがあります。１年生の踊りに思わず微笑む６年生のそれぞれの頬が、シクラメンの花びらのように柔らかい桃色に染まります。

　若手の先生からは劇の出し物があります。カツラを被って登場する先生にみんな大笑い。その後は先生たち全員から歌のプレゼントです。涙する６年生もいます。会は心に届くものになったようです。

　もしあなたが先生としてこの会に参加するとして
　「忙しくて劇や歌の練習をする時間がありません」なんて言えるでしょうか。

　言えません！　言ったらシクラメンも枯れるほど興ざめですよね！
こうならないように、出し物自体を考える必要があります。

出し物は準備に時間がかからないものを選ぶ

準備に時間がかからないもの、それは「写真のスライドショー」です。

　一周回って普通ですが、結局これが最良のようです。

　スライドショーは２分間です。６年生が１年生のときの入学式の写真から始まって、６年生の最近の写真までが音楽付きで再生されます。

作り方
①動画作成担当を決める
②当時の各担任に、当時の写真を５枚ずつ選んでフォルダに入れてもらう
③合計40枚弱くらい集める
④パワーポイントで作ったスライドショーのファイルに写真を貼る

　これで完成です。

　動画作成担当と言っても、集めた写真をパワーポイントのデータに貼るのと当日のセッティングをするだけなので、通常の業務を圧迫しません。昨年のスライドショーのファイルを使い回せば、今年はどんなことをしようかと悩むこともなくなります。

実際に送る会で流すと、自分たちの小さい頃の姿に照れたり笑ったりと大ウケでした。時間は短くなりましたが、十分な満足感があったようです。

　ちなみに僕が赴任する前は、夜の７時から劇の練習をしたり、ミュージックビデオを作るために夜中の12時まで振り付けの練習をしていたりしたそうです。なんでもやりすぎは禁物ですね。

第5章　モノを捨てたら仕事も減らせた！

改善事例⑩
新しい取り組みができるようになった

どんな学校にしていくか全職員で話し合う

　KPT(ケプト)ボードで集めた学校の改善点は、安全や衛生に関することを中心に長期休みの安全衛生委員会で検討します。

検討のやり方
1　5～6人程度の小グループをつくる
2　改善点が書かれた付箋を各グループに振り分ける
3　グループ内で話し合う
4　グループ内で出た意見を全体に向けて発表
5　全体のまとめ

安全衛生委員会の様子

グループ発表の様子

学校のスリム化のため難しい問題にも着手する

「教務主任の業務改善として資料作成の分担をする」
「パソコンをワイヤーで机に固定できるようにする」
「宿題を学校で統一するか廃止する」 など

　学校の多忙は突き詰めていくと教務主任の多忙でもあります。教務主任の先生自らヘルプを出すのは難しいと思うので、ほかの先生が手伝いに入る案が出されました。実際、2学期には資料の仕分けをサポートしている先生の姿も見られました。その行動力に敬服します。

　パソコンをワイヤーで机に固定することで、帰りにロッカーにしまう手間を省く案は4月には出されていました。それが、管理職や学校事務職員の方のおかげで11月に実現しました。本当に心強いです。

　宿題は出し方次第で学習効果が変わるので、この際思い切って見直してはどうかという案が出ましたが、結局、結論は出ませんでした。

　僕の勤務校ではこのように、職員同士で知恵を出し合って改善を行い、環境整備を進めることで、先生たちの時間外勤務が30％減る職場になりました。ただ、僕が一番伝えたいのは、この「先生のゆとり」は、必ず子どもたちの教育へ還元されていくということです。

　学校の長時間労働が全国的に問題になってずいぶん経ちました。国も様々な制度改革をしていますが、変えられるのは制度だけです。

　もしもヒーローが登場して、隣の学校で素晴らしい教育改革が行われたとしても自分の学校は変わりません。

　あなたの学校を変えられるのは、あなたしかいないのです。

　ということで、学校の片づけから始めましょっ。

第5章　モノを捨てたら仕事も減らせた！

おわりに

　ここまで「片づけで学校は変わります！」と、主張してきました。
　舞台裏と言うと大げさですが、本を出すまでに心の中で様々な葛藤があったので少し呟かせてください。

　まず、短期プロジェクトを始めたのは、今から2年半前のことです。しかしながら、現任校は職員の入れ替わりが比較的多いため、当時の様子を知るメンバーは管理職を含め半分以上が異動してしまいました。片づけによって雰囲気が変わっていったのは事実ですが、3年間の動きを知らない人が多い中で「時間外勤務が減った」とまで断言してよいのか、随分と迷いました。
　実際、「職場の時間外労働が減ったのは、なぜだと思いますか？」と聞くと、「去年と校務分掌が違うから」とか「自分で早く帰るように意識しているから」と言われる先生方が多かったです。

　片づけで職員室は変わりました。時間外勤務も減りました。ただ、この間にいろいろな人の努力があります。校長や教頭が支えてくださったことや、先生方の連携によって、なんとか形になったのだと思います。「片づけで学校は変わります！」という端的な言葉で表すことで、そうした先生方の姿が見えなくなることも考えられました。

　それでも出版を決めたのは、「学校の環境整備を軸に先生方の健康を守る」という価値観を示したかったからです。

　長時間働いている現状を、なんとか変えたいと望む先生は全国にたくさんいるのではないのでしょうか。この本が、そんな先生の道しるべになれば幸いです。

先日、深夜ラジオで、オリオン座の１等星のベテルギウスが消滅するかもしれないという話を耳にしました。

　ずっとピカピカ光ってたのに、観測史上最も光が弱まっているそうです。学者たちは、超新星爆発の前兆だと言って動向を見守っているのだとか。爆発すると、一瞬月より明るくなり最後には消えてなくなってしまいます。

　元から全くオリオンには見えませんでしたが、さらに大事な右肩部分が消えてなくなるかもしれないのです。点と点との繋がりが切れて、それぞれが独立した星に戻れば、「タピオカ座」と呼ばれる日も近いのかもしれません。

　学校も同じです。今は様々な星を合わせて「学校」と呼ばれていますが、将来的にはどうなるのかわかりません。もしかすると、星が増えるかもしれないし、ぐーんと少なくなるかもしれない。うまく形を変えながら、時代に合わせて変化していくのだと思います。

　新しい星の集まりに、新しい名前がついたとき、新しい教育が始まっていくんじゃないのかな。

　最後になりましたが、感謝を申し上げます。
　学陽書房の山本さん、学校職員のみなさん、学校関係者のみなさん、名教労のみなさん、内田良先生、メディア関係者各位、SNSの教員アカウントのみなさん、友人、親戚、家族、話を聞いてもらった全てのみなさん。本当にありがとうございました。

2020年1月

丸山　瞬

◆参考文献

澤 一良著、ハウスキーピング協会監修『整理収納アドバイザー公式テキスト 一番わかりやすい整理入門【第3版】』ハウジングエージェンシー（2010）

近藤麻理恵『人生がときめく片付けの魔法』サンマーク出版（2010）

（株）OJTソリューションズ『トヨタの片づけ』中経出版（2012）

西沢和夫『見える・わかる・継続できる 5S導入ハンドブック』かんき出版（2007）

●著者紹介

丸山 瞬（まるやま しゅん）

小学校教諭として働きながら、誰でもできる学校の働き方改革「学校の5S」をネット上に公開。整理収納アドバイザー1級の知識を生かして、快適な学校づくりをしている。最近ハマっていることは、スタンプラリー。

学校の片づけについてもっと詳しく知りたくなったら
「学校の5S」で検索！

Twitter：ななつめのやつはし
BLOG『パラレルワールドですかここは』
URL：nanatume.com

職員室のモノ、
1t捨てたら残業へりました！
「捨てる」から始まる仕事革命！

2020年2月25日　初版発行

著　者	**丸山 瞬**
発行者	**佐久間重嘉**
発行所	**学陽書房**

　　　〒102-0072　東京都千代田区飯田橋1-9-3
　　　営業部／電話 03-3261-1111　FAX 03-5211-3300
　　　編集部／電話 03-3261-1112
　　　振替　00170-4-84240
　　　http://www.gakuyo.co.jp/

ブックデザイン／スタジオダンク
DTP制作・印刷／精文堂印刷　製本／東京美術紙工

©Shun Maruyama 2020, Printed in Japan　ISBN 978-4-313-65394-8 C0037
乱丁・落丁本は、送料小社負担にてお取り替えいたします。
JCOPY〈出版者著作権管理機構 委託出版物〉
本書の無断複製は著作権法上での例外を除き禁じられています。複製される場合は、そのつど事前に出版者著作権管理機構（電話03-5244-5088、FAX03-5244-5089、e-mail: info@jcopy.or.jp）の許諾を得てください。

仕事がはかどる！

A5判・120ページ　定価＝本体1,700円＋税

仕事がどんどんたまってしまう、忙しくて死にそう！
そんな教師のための片づけ術を大公開！
1日たった15分でスッキリ片づき、仕事もどんどん進む方法とは？
子どもへの片づけの教え方まで、教師に役立つ1冊です！

自分の身を守るには？

四六判・160ページ　定価＝本体1,600円＋税

教師が残業から抜け出す方法はある！
過労死ラインを越える教師が続出しているのはなぜなのか？
原因である「給特法」の問題を明らかにし、
具体的にどう抜け出せるかの道筋を示した1冊！

教師の働き方を考える1冊！

四六判・168ページ　定価＝本体1,600円＋税

「このままでは過労死するかも」
「プライベートがまったくない！」
と悩む教師の方、必見！
教師の残業の元凶「給特法」の問題をわかりやすく伝え、
身の守り方を伝える1冊！